높고 낯선 담장 속으로

높고 낯선 담장 속으로

1판 1쇄 발행 2025년 8월 30일

지은이   조은혜

펴낸곳   책과이음
대표전화   0505-099-0411
팩스   0505-099-0826
이메일   bookconnector@naver.com
출판등록   2018년 1월 11일 제395-2018-000010호

페이스북   /bookconnector
블로그   /bookconnector
유튜브   @bookconnector
인스타그램   @book_connector

ⓒ 조은혜, 2025

책값은 뒤표지에 있습니다.
잘못 만들어진 책은 구입하신 서점에서 교환해드립니다.

ISBN 979-11-90365-82-6 03300

이 도서는 2025 경기도 우수출판물 제작지원 사업 선정작입니다.

책과이음 : 책과 사람을 잇습니다!

높고 낯선 담장 속으로

오해와 편견의
벽에 갇힌
정신질환 범죄자
심리상담 일지

조은혜 지음

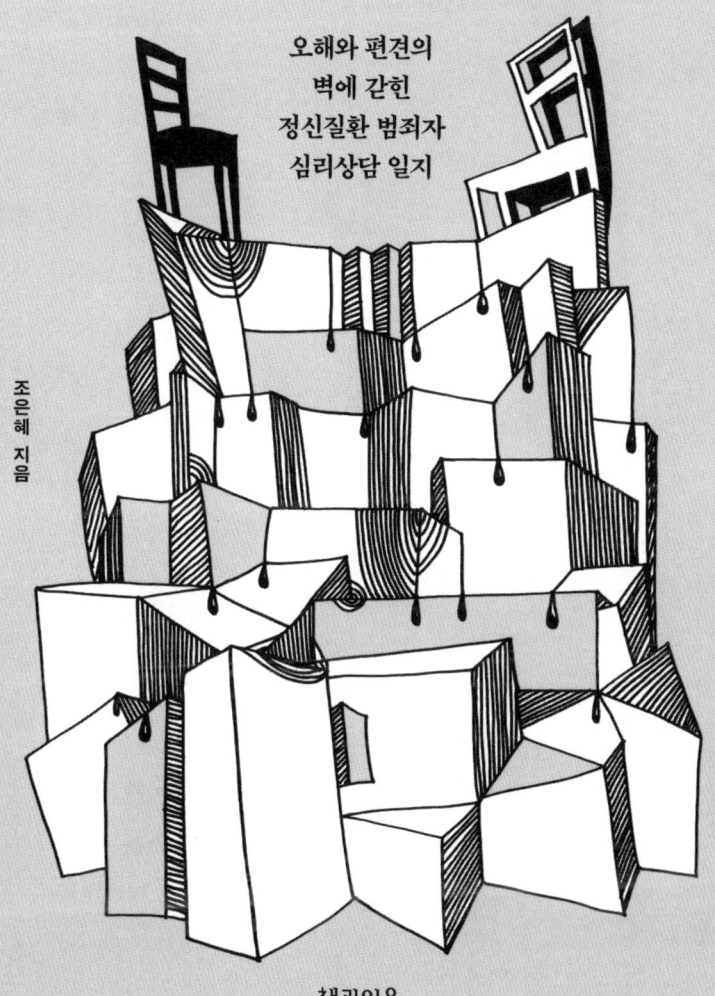

책과이음

프롤로그

상담실 가는 길

고모 "너, 상담 치료 받을래? 애국가 부를래?"
유정 "애국가? 무슨 애국가?"
고모 "네가 부른 애국가. 그걸 듣고 싶어 하는 사람이 있어. 너 같은 꼴통을 만나보고 싶어 하는 사람이 있더라고."

상습적으로 자살 시도를 하던 유정은 상담 치료를 받는 대신 자신을 보고 싶어 한다는 사형수를 만나기 위해 교도소로 향한다. 오랜 기간 수녀로서 교도소 봉사를 해온 고모와 교도관은 함께 웃으며 이런저런 이야기를 나누지만, 그 뒤를 따르는 유정은 무표정하다. 낯선 곳을 지나고 있건만 두리번거리며 주변을 둘러보는 일도 잘 없다. 대학가요제에 나왔던 유정을 알아보고는 "만나게 되어 영광"이라며 너스레를 떠는 교도관에게 "사실, 제가 마지못해 왔거든요"라는 차가운 대답을 돌려주는 그녀는 모든 것에 시큰둥해 보인다. 2006년 개봉한 강동원, 이나영 주연의 영화 〈우리들의 행복한 시간〉에서 이나영이 분한 문유정이 교도소 복도를 걷는 장면이다.

정말이지 내 기억과는 놀랄 만큼 다르다. 기억 속 유정은 높고 낯선 담장에 둘러싸인 그곳을 긴장한 표정으로 두리번거리며 걷고 있었는데……. 지금 이 글을 쓰기 위해 다시 영화의 장면을 찾아본 나는 잠시 멍해진다. 영화 속 그곳과 별반 다르지 않은 서늘하고 어두운 복도를 걸을 때마다 나는 유정의 모습을 떠올렸고, 아마 내 표정도 그러할 것이라고 믿었기 때문이다.

사형수를 만나기 위해 까닭 모를 음침함이 도사린 공간을 지나는 기분. 벌써 10년이 넘도록 하루에도 몇 번씩이나 지나다니는 이 길이 나는 아직도 낯설기만 하다. 그리고 때때로 〈우리들의 행복한 시간〉에 나오는 긴 복도를 걷고 있는 것만 같은 비현실감을 느낀다.

어쨌든 이 길고 삭막한 복도를 지나야만 내가 일하는 사무실에 도착할 수 있다. 복도에 걸린 액자에는 도심 속 횡단보도를 바쁘게 오가는 사람들의 모습이 담겨 있지만 왠지 이곳과는 어울리지 않는 듯한 이질감을 전해준다. 두껍고 튼튼한 철문을 지나고 다시 이전 것과 똑같이 생긴 철문을 지난다. 그렇게 몇 겹의 철문을 지나 자물통으로 굳게 잠긴 마지막 문까지 열고 나면 드디어 사무용 책상 열 개 정도가 놓여 있는 공간이 나온다.

사무실은 언제나 춥다. 히터를 켜고 티포트에 우려낸 뜨거운 차를 마셔도 냉기가 쉬이 사라지지 않는다. 이곳에서 일하는 우리는 이곳이 '담장 안'이라는 게 그 이유 중 하나라고 믿는다. 과학적 근거가 있는지는 모르겠지만, 교도소 밖의 세상인 '담장 밖'에 비해 '담장 안'은 평균 온도가 3도쯤 더 낮다고 한다. 도심으로부터 멀리 떨어진 곳에 외따로 지어진 커다란 건물, 두껍고 단단한 시멘트벽에서 뿜어져 나오는 냉기, 그리고 무엇 때문에 느껴지는지 종잡을 수 없는 마음의 추위. 이 모든 것이 합쳐져 3도를 낮추는 것이겠지.

손발이 차가워 추위에 더 취약한 나는 뜨거운 차가 담긴 컵을 한 손에 꼭 쥔 채 컴퓨터를 켠다. 먼저 업무와 관련된 메일을 간단히 확인한 다음, 수용자 관련 정보가 들어 있는 시스템에 접속한다. 전날 등록된 입소자 가운데 상담 대상자가 있는지, 지난밤에 소란을 피운 정신질환자들이 있는지, 상담 요청을 한 수용자가 있는지 살피면서 오늘 내가 만나야 할 내담자들의 명단을 정리하고, 필요한 자료를 준비한다. 그리고 그들에게 줄 따뜻한 믹스커피를 탄다.

가족마저 포기하고 떠난 경우가 많은 나의 내담자들에게 이 달콤한 커피는 이곳에서 오늘 하루를 버티게 하는 작은 힘이 되어준다. 상담실에 들어서자마자 상담자인 나보다 달달한 커피향부터 반갑게 찾는 수용자들도 있다. 내게 인사를 건네는 둥 마는 둥 허겁지겁 종이컵 안의 갈색 액체부터 해치우곤, 멋쩍은 듯 머리를 긁적이며 한 잔을 더 부탁하고, 새로운 잔이 테이블 위에 놓이는 것을 본 뒤에야 차분한 태도를 보이며 상담에 임할 준비가 되었음을 알리기도 한다. 어쩌면 본격적인 상담이 시작되기도 전에 이미 독특한 향기를 지닌 묘약의 위로를 받은 상태일지 모르겠다.

이토록 훌륭한 상담 도구와 함께 이들의 마음을 녹일 준비를 끝낸 나는, 다시 열 개의 철문을 통과해 내담자들과 만날 상담 장소로 향한다. 나와 그들, 그리고 우리의 이야기가 있는 곳으로.

차례

프롤로그   004   상담실 가는 길

PART 1   다름에 대한 편견

- 012   같고도 다른
- 021   아가씨, 영희
- 029   무기수여서 다행입니다
- 042   자라지 못한 모성
- 052   더 적극적으로 아무것도 하고 싶지 않다
- 063   천사를 죽였다
- 074   아프지만 아프지 않은 사람들

PART 2   보이지 않는 경계

- 086   얼굴 없는 미녀
- 095   어느 살인자의 필연적 이유
- 104   떡볶이처럼 아름답습니다

110	당신의 감정은 옳다
122	맛소금의 유혹
137	벚꽃 앤딩Anding
149	찰랑거리는 인생

PART 3 절망 너머의 희망

160	엄마의 눈물
168	생육하고 번성하라
181	흩날리는 말조각들
192	금쪽 처방전을 찾아서
200	우리는 가족입니다
215	그녀가 돌아왔다
224	하모니

에필로그 235 마음의 경계와 균열 사이에서

이 책에 소개된 사례는 《정신질환 진단 및 통계 편람(DSM-5)》에 포함된 진단명을 가진 정신질환자들과의 상담 내용을 토대로 구성하였으며, 범죄와 정신질환 사이의 명확한 인과관계를 증명하거나 암시하지 않습니다. '영희'를 제외한 이 책의 등장인물 이름은 가명이며, 모든 에피소드는 개인 정보 보호 및 독자의 이해를 도울 목적으로 적절히 가공했음을 밝힙니다.

PART 1

다름에 대한 편견

같고도 다른

내 직업을 소개할 때마다 사람들에게 곧잘 받는 질문이 하나 있다.

"거기 있으면 신기한 일 많지 않아요? 뭐 재미있는 이야기 좀 들려주세요."

이런 요청은 내가 사회인으로 첫발을 내디딘 정신병원에서 교도소로 직장이 바뀌어도 변함이 없었다. 사람들이 던지는 시선은 동일했다. 아마도 두 곳 모두 뭔가 범상치 않은 사건 사고가 일어나는 곳이라고 여겨지는 탓일 게다. 그리고 추가되는 공통 질문이 하나 더 있는데, 바로 "위험하지 않아요?"다. '염려'라기보다 '호기심'에 가까운 감정에서 기인한 질문일 것이다. 그렇게 묻는 이들의 눈빛에서는 언제나 무언가 색다른 이야기를 기대하는 분위기가 진하게 묻어났다.

다만 우리 부모님만큼은 그러지 않았다. 당신들에게 내 직장은 실제적인 위협이 될 수 있는 불안과 걱정으로 직결되는 문제였다. 마치 물가에 내놓은 아이를 보는 것처럼 잠시도 안심하지 못하는 초조함이 느껴졌다. 하지만 나는 걱정하시는 부모님의 마음을 뒤로하고 기어이 정신병원으로 출근했다. 정신병원 기숙사로 나를 들여보내던 날, 나 몰래 눈물을 훔치던 엄마의 얼굴은 사진으로 찍은 듯 아직까지 내 마음 한편에 깊이 각인되어 있다.

내과 근무 경력부터 쌓은 뒤에 정신과를 가도 늦지 않다는 교수님의 권고도 뿌리친 마당이었다. 엄마는 내 결정을 바꾸려는 시도가 무의미하다는 걸 알고 있었다. 가뜩이나 어리게만 느껴지던 막내딸이 사회에 첫발을 내딛는데, 하필이면 미친 사람으로 가득한 곳이라니! 더군다나 졸업식을 하던 그달에 첫 출근을 하는 딸의 모습은 직장인이 아닌 학생의 모습에 훨씬 더 가까웠고, 그런 만큼 애틋함이 더했을 것이다. 어린 자식의 눈에는 보이지 않을 고됨을 예견하면서도, 자식이 가고자 하는 길을 묵묵히 지켜볼 수밖에 없는 심정이 그 당시에는 잘 가늠되지 않았다. 부모가 된 지금에야 그때의 엄마 마음을 헤아려보자니, 불효한 딸이 묵직한 돌덩이 하나를 당신 가슴에 얹어주었다는 죄책감이 한가득 느껴진다.

그러나 그게 끝이 아니었다. 정신병원에서 일한 지 10여 년이 지난 뒤, 나는 부모님에게 정신질환자들이 수감되어 있는 교도소로 가겠다고 말씀드렸다. 부모님을 포함해 지금도 이런 내 행보를 이해하지 못하겠다는 사람들의 시선을 종종 받는다. 사실은 나도 내 안의 이유를 완벽히 헤아리지 못한 채 헤매는 중이다. 동네에서 한 번쯤은 만나게 된다는 머리에 꽃 단 여자조차 본 적 없는데, 살면서 전혀 경험해보지 못한 대상에게 끌리는 이유가 무엇이었을까? 짐작되는 이유 중 한 조각에 불과하지만, 어쩌면 나 역시 그들처럼 아픈 존재라는 자각이 있어서였을지도.

어느 날 문득 되돌아보니 내 곁에는 항상 '우울'이라는 단어가 따라다니고 있었다. 갑작스러운 교통사고로 단짝친구를 잃었던 대학교 1학년 때, 출산 후 불안감에 시달릴 때, 아무 연고 없는 타지 생활에서의 외로움을 견딜 때, 그리고 지금도 매달 반복되는 PMDD(월경 전 불쾌 장애)까지, 나는 수시로 흔들리는 우울한 감정을 껴안고 살아왔다. 힘든 일이었다. 나 자신도 그렇지만 본의 아니게 주변 사람들에게까지 그 여파가 미칠까 봐 조심스러웠다. 어느 날엔 이런 내가 상담과 관련된 일을 한다는 자체가 자학일지도 모른다는 생각마저 들었다. 울고 싶은 날에 웃는 얼굴의 가면을 쓴 채 집단의 에너지를 끌어올려야만 했다. 복잡한 내 마음에 내담자의 복잡한 감정을 더하고, 타인의 상처를 곱씹다 애써 덮어놓은 내 안의 상처가 다시 터지고 마는 게 일상이었다.

　

대면하기 불편한 대상자와 상담이 예정되어 있는 날은 며칠 전부터 스트레스를 받는다. 그런 상담을 몇 건 끝내고 사무실로 돌아오는 날은 정말이지 아무것도 할 수가 없다. 그럴 때는 머리나 마음을 쓰는 일이 아닌, 몸을 움직여 할 수 있는 일들을 처리하면서 남은 시간을 보낸다. 그러고는 다음 날, 고조된 감정이 가라앉고, 단순히 기록적이고 분석적인 글을 남길 수 있는 상태가 되었을 때 상담 기록을 작성함으로써 비로소 한 건의 상담 업무를 마무리한다.

나와 달리 상담을 마침과 동시에 그 기록을 바로 시스템에 올리는 동료들이 있는데, 볼 때마다 그들이 가진 에너지가 부럽고 참으로 대단하다고 느낀다. 상담 장면을 다시 복기하여 기록으로 남기기 위해서 소진되었던 에너지를 다시 채울 시간이 필요한 나와는 근본적으로 다른 것 같았다.

이 때문에 나는 '정신병원'이나 '교도소'와 관련해서 딱히 들려줄 에피소드가 없다. 특별히 재미있거나 놀라울 일 없는 일상인 탓도 있지만, 그보다는 그저 가십거리처럼 가볍게 들려줄 수 있는 이야기가 아니기 때문이다.

물론 이 일을 시작한 초기에는 사람들의 요청에 따라 애써 에피소드를 떠올려 입에 담은 적도 있었다. 학생 시절 실습 나간 정신병동에서 경험한 일이었는데, 이십 대 초반으로 보이는 여자 환자가 회진 때 의사에게 궁금한 게 있다며 질문을 던졌다.

> **의사** 뭐, 불편한 거 없어요?
> **환자** 불편한 건 없지만, 너무너무 궁금한 한 가지가 있는데…….
> **의사** 예, 말씀해보세요.
> **환자** 근데요~ 우리는…… 왜 맛동산 먹고 즐거운 파티를 안 하나요? 나는 어제도 맛동산을 먹었는데…….

질문하는 그녀의 손에는 텅 빈 맛동산 봉지가 들려 있었다. 갑자기 훅 들어온 예상치 못한 질문에 모두들 순간적으로 멍해졌지만, 이내 의사는 미소를 띄워 올리며 뭐라뭐라 대답해주었다. 환자가 던진 황당한 질문이 강렬한 인상을 남겨서인지 의사의 대답까지는 기억나지 않지만, 나는 이 정도 에피소드라면 사람들의 기대에 부응할 수 있을 것이라고 믿었고, 예상대로 사람들은 "역시! 정신병원 이야기네~"라며 만족하다는 듯이 웃었다.

정신병원은 마땅히 그런 곳이어야 했다. 얼마 전 넷플릭스에서 방영한 〈정신병동에도 아침이 와요〉처럼, 최근 드라마에서 묘사되는 정신병원은 아무리 힘든 환경에서도 환자들에게 따뜻하고 인간적인 치료를 제공하는 분위기를 자아내지만, 당시만 해도 정신병원은 누구나 쉬쉬하는 '언덕 위의 하얀 집'으로 묘사될 뿐이었다. 감옥처럼 튼튼한 쇠창살이 쳐지고 묵직한 자물쇠가 채워진 커다란 문을 통과해야 들어갈 수 있는 곳 말이다.

죄를 짓지도 않은 사람들이 그런 곳에 갇혀 지내는 것을 아무도 이상하게 여기지 않았다. 소록도에 한센병 환자들이 격리되어 사는 것처럼, 뇌질환을 가진 이들도 쇠창살 안쪽으로 격리되어야 했다. 그들의 말과 행동은 엉뚱하고 기괴해야 했으며, 두려움 또는 웃음을 유발해야 마땅했다.

어느 날 병동에서 환자들과 함께 TV를 보고 있을 때였다. 마침 저녁 시간대에 정신병동을 배경으로 한 드라마가 흘러나오던 참이었다. 화면 속에서는 정신질환자 역을 맡은 여자 배우가 병동 바닥에 엎드려 개구리가 헤엄치는 듯한 모습으로 소란을 일으키고 있었다. 단순히 시청자들에게 재미를 주려는 연출자의 의도였겠지만, 드라마를 보고 있던 진짜 정신질환자들은 아무도 웃지 않았다. 그중 한 여자 환자가 그 자리에서 일어나 나에게 다가오더니 절규하듯 호소했다.

"선생님, 우리 저러지 않잖아요. 제발 TV나 다른 방송 같은 데서 우리를 저렇게 묘사하지 말라고 말씀 좀 해주세요!"

그렇다. 누군가의 질병이 다른 이의 웃음거리가 될 수는 없는 법이다. 비록 그 행동이 내 상식선 안에 있지 않고, 그 기괴함이 내 생각의 범위에서 벗어나 있다고 할지라도.

자신의 질환을 웃음거리로 만들지 말아달라는 환자의 비통한 외침을 나는 무겁고 겸허하게 받아들였다. 그 뒤부터는 정신병원의 에피소드를 말해달라는 사람들에게 "우리와 별로 다르지 않아요"라는 짧은 한마디로 그들의 폭력적이고도 순진한 호기심에 응답했다. 하지만 교도소에서 일하게 된 뒤로는, 그 한마디로 결코 충분하지 않다는 것을 깨달았다. 제한된 공간에서 서너 명이 옹기종기 또는 외따로 앉아 있는 모습, 정해진 규정과 일정에 맞추어진 하루 일과, 질서정연하게 이루어지는 투약 관리와 간식 배분, 위험물 반입을 막기 위한 안전 절차, 면회나 접견이라는 용어로 이루어지는 가족과의 만남……. 분명히 처음 바라보는 일반인에게는 낯설어야 하는 그곳이 내게는 너무 낯익었다.

교도소와 정신병원의 담장 안은 희한하게도 맞닿아 있었다. 때때로 정신병원을 비인권적 범죄집단쯤으로 취급하는 인권위원회에 반감을 가진 나로서도 기묘하게 느껴지는 기시감이었다. 그들의 형편을 모르는 바 아니고, 그럴 만한 이유가 있는 폐쇄병동의 시스템을 옹호하는 입장이지만, 이 기시감에 당연하다는 듯 동의할 수는 없었다.

병자와 범죄자가 몸담은 시설에서 발견된 교집합의 타당성을 입증하기 위해서는 정신병원의 역할을 재고해보아야 한다. 외부로부터 차단되고 고립된 채 수동적이고 기계적인 하루하루를 살아내는 통제의 공간이 아닌, 외부로부터 보호받고 내면과의 소통을 시도하며 자율적이고 주도적인 하루하루를 살아내는 자유의 공간이 되고 있는지, 신체의 구속과 자유의 박탈을 감수할 만큼 '회복을 위한 안전한 공간'이라는 명분을 잘 지켜내고 있는지, 폐쇄병동과 개방병동의 유연한 이동성은 보장받고 있는지, 수용시설이 아닌 치료시설이라는 목적에 부합하고 있는지, 그리하여 종래에는 이들이 우리와 더불어 살아갈 수 있는 발판을 마련해주는지 말이다.

  살다 보면 누구나 정신질환을 겪을 수 있다. 국립정신건강센터, 건강보험심사평가원, 한국보건사회연구원이 2023년 내놓은 〈국가 정신건강현황보고서〉를 보면 "우리나라 국민의 1년 정신질환 유병률은 8.5퍼센트, 평생 유병률 27.8퍼센트이다"라고 명기되어 있다. 국민 4명 중 1명이 평생 한 번 이상의 정신질환을 경험한다는 뜻이다. 그나마도 여기서는 정신장애 평생 유병률에 관한 2016년의 조사방식과 달리 조현병 스펙트럼 장애와 양극성 장애가 조사 항목에서 제외된 수치다. 이 무겁고 슬픈 통계는 나를 비롯한 우리 모두가 시설에 갇힐 수 있다는 가능성을 너무도 명확히 이야기해준다. 우리는 언제나 누구든 같은 상황에 놓일 수 있다. 그렇다고 병든 당신의 마음이 죄는 아니지 않은가.

아가씨,
영희

그녀를 기억하고 싶다.

그녀는 스스로 청결 관리조차 할 줄 몰라 덥수룩하고 짧은 커트머리에 늘 하얀 비듬이 앉아 있기 일쑤였지만, 정신병동 안에서 누구보다 '찬란'하고 '빛나' 보였다. 그녀를 감송하기 위해 이 글에서만큼은 실명을 그대로 사용하려 한다. '영희'라는 이름 두 글자만큼이나 그에 대한 내 느낌을 모두 담을 수 있는 단어는 존재하지 않는다. 나에게 '영희'는 찬란한 청춘을 빼앗겨버린 한 아가씨를 설명하는 동시에 다음과 같은 물음을 품게 한 낱말이기도 하다.

"그녀의 청춘을 하얀 건물 속에 가둔 '정신질환'이라는 것은 무엇인가? 겁 많은 그녀로 하여금 폭력을 사용케 하는 '환청'이라는 것은 무엇인가?"

정신병원 폐쇄병동에서 근무할 때의 일이다. 대학 졸업과 동시에 취업한 1년 차였으니 나이도 어리고 일에 대한 경험도 턱없이 부족할 때였다. 당시의 나는, 전문 직업인의 모습을 하고 있는 선배들보다는 실습 나온 학생 간호사들에게 더 동질감을 느끼고 있었다. 나의 어떤 수행들이 업무가 되고, 병원 일과의 한 부분을 차지한다는 사실이 마냥 신기했다. 학교에서 배운 지식과 실습 경험을 확장하여 주도적으로 직무를 해내기는커녕 일을 하다 실수하지 않을까 조심스러웠고, 낯선 정신병원의 풍경은 여전히 관찰 대상이었다.

다행히 정신과에 대한 선입견을 딱히 품지 않았던 나는 그곳 분위기에 자연스럽게 흡수되었다. 그럴수록 그들에게만 들린다는 환청이라는 것이, 이해할 수 없는 그들만의 생각이, 그들의 말 상대가 되어주는 보이지 않는 존재가, 누구도 예측하기 어려운 그들의 뜬금없는 행동이, 그리고 그로 인해 그들이 느끼는 고통과 즐거움이 궁금해졌다. 그들의 표정과 언행을 지켜보고, 말을 걸어보고, 때로는 책에서 답을 얻으려 시도하기도 했다.

조금은 이질적인 내가 그렇게 그들에게 스며들던 어느 날 아침이었다. 병동 로비에는 TV를 보는 사람들과 이야기를 나누는 사람들, 그리고 그냥 멍하니 앉아 있는 사람들이 한데 모여 각자의 시간에 몰두하고 있었다. 그 무리 속에서 나는 따로 구역이 나뉜 공간에 앉아 환자들의 혈액 검사를 위한 채혈을 진행하는 중이었다.

환자의 팔에 꽂힌 주삿바늘이 붉은 혈액을 한창 빨아들이고 있던 그때. 탁! 강한 충격이 내 얼굴 한쪽을 강타했다. 갑작스러운 외부의 힘에 떠밀린 나는 그만 손에서 주사기를 놓치고 말았다. 내 손을 떠난 주사기는 환자의 혈관을 빠져나오다가 삐딱한 모습으로 멈춰 섰고, 그 주변으로 피가 삐죽삐죽 새어 나왔다. 충격에 흘러내린 내 안경은 뺨을 절반 정도 가리고 있었다. 주변에서 웅성거리는 소리가 들렸다. 정신도 없었고 상황 파악이 채 되기도 전이었지만, 나는 내 눈앞의 영희를 끌어안았다.

"아~아~, 미안해요. 아~아~, 몰라요, 몰라요, 미안해요."

새된 소리를 연신 내뱉으며 뒷걸음질 치는 영희는 나보다 더 당황한 것처럼 보였다. 급작스레 채혈이 중단된 환자의 뒷

수습을 누가 했는지, 맞은 자리가 아팠는지는 잘 기억나지 않는다. 다만 내 눈앞의 영희가 몹시 불안해 보여서 반사적으로 영희를 부둥켜안았을 뿐이다. 차도에 뛰어드는 누군가를 발견할 때 지체 없이 달려가 말리게 되는 것처럼. 그 찰나 영희의 불안한 몸짓을 본 사람이라면 그녀를 안정시키는 것보다 더 중요한 일을 떠올릴 수는 없었을 것이다.

'환청'이었다. 영희가 나를 때린 이유는 '환청'이었다.

"저기 안경 쓴 사람을 때려~!!!"

영희는 자신에게 나타나는 현상을 조리 있게 설명할 수 있는 기능적 수준을 가지고 있지 않았다. 불안감을 이야기할 때 외에는 먼저 말을 거는 법이 없었고, 말을 하지 않을 때는 주로 웃고 있었다. 그리고 자기 안의 목소리가 그녀를 괴롭힐 때는 울상이 되어 안절부절못하고 병동 복도와 로비를 서성였다. 그러다가 갑작스레 옆에 있는 사람을 치는 경우가 곧잘 있었다. 직원에 의해 행동이 제지되고 안정을 찾은 뒤 주워들은 말을 통해, 영희에게 폭력을 쓰라고 지시하는 환청이 들린다는 것을 알 수 있었다.

'실존하지 않는 소리를 듣는 지각 경험'이라는 환청의 정의, 환청으로 인해 유발되는 환자의 혼란과 불안, 환청이 행동을 지시하거나 간섭하고, 자신을 향한 비난 또는 사람들의 대화

소리가 환청의 내용으로 많이 등장한다는 등의 이론은 시험을 대비해 이미 잘 외워둔 지식이었다. 다만 나는 그것이 어떤 것인지 명확하게 알고 있었다고는 할 수 없다. '외로움'이라는 단어의 사전적 의미를 아는 것과 경험으로 체감하며 깨닫는 것이 다른 차원의 문제이듯 말이다.

이날의 사건은 그렇게 내게 환청이라는 것을 실제적으로 경험하게 만들었다. 이전까지 책 속의 평면적 활자로 존재하던 이론들이 영희를 통해서 입체적으로 살아 움직였다. 내 귀로 환청을 들은 것은 아니지만, 그에 따른 직접적인 피해를 입은 만큼 무엇보다 강렬하게 각인되었다. 이날의 타격감으로 인해 나는 20년이 훌쩍 지난 지금껏 영희를 잊을 수 없는지도 모르겠다.

하지만 사실 그녀가 내 마음에 새겨진 더 큰 이유는 무엇보다 영희가 바로 내 또래의 '아가씨'였다는 사실이다. 나를 때린 사람이지만, 나는 영희가 밉지 않았다. 오히려 까닭 모를 미안함이 내 안에 차올라 더 잘 챙겨주고 더 잘해주었다.

영희는 나보다 고작 세 살 많은 이십 대 후반이었다. 그 당시의 내가 그랬듯이 영희도 한참 자신을 꾸밀 나이였다. 공들여 화장하고, 예쁜 옷을 고르고, 설레는 데이트도 하고, 주말에 볼 영화를 고르고……. 그런데 영희는 세상과 분리된 '정신병원'이라는 곳에, 그마저도 허락된 공간 외에는 한 발짝도 나갈 수 없는 '폐쇄병동'이라는 곳에 갇혀 있었다. 그곳이 젊은 아가씨 영희가 볼 수 있는 세상의 전부였다.

쉬는 날 신나게 친구들과 놀고 나서 근무를 들어간 날은 영희에게 괜스레 더 미안해졌다. 내가 영희 몫까지 빼앗아 즐거움을 한껏 누리고 온, 그런 기분이었다. 그에 대한 보상이라도 하려는 듯, 나는 시간이 날 때마다 영희에게 가서 말을 걸었고, 짧게 잘린 커트 머리를 빗겨주고, 옷매무새도 단정히 매만져주었다. 내가 세상에서 누리는 즐거움은 이십 대 아가씨라면 마땅히 누구나 공유할 수 있어야 한다고 생각했다. 영희에게서 그것을 박탈해 간 정신병이라는 것이 야속했고, 그 병에 속수무책 당하고만 있는 영희가 안타까웠다.

영희에게는 찾아오는 이가 아무도 없었다. 그래서 마치 병원이 설립되기 이전부터 그곳에 살던 존재처럼 느껴졌다. 그녀의 지난 삶에 관해 알고 있는 사람은 없었다. 이미 첫 장을 찾기 힘들 만큼 두꺼워진 차트는 입원 이전의 정확한 병력이나 가족사항 등을 알려주지 않았다. 영희조차 자신의 이야기를 입 밖으로 꺼내지 않았으므로 우리에겐 그녀의 과거를 알 수 있는 방법이 없었다. 그럼에도 그 누구도 그것을 굳이 들추려 하지 않았다. 당시 우리 눈에 보이는 영희의 증상이 최초로 드러난 시기가 꽤 오래전이고 가족으로부터 버림받았으리라 짐작할 뿐이었다. 지극히 평범한 가정에서 태어나 자란 나에게 영희가 마주한 세상은 불공평했고, 나는 보통의 이십 대가 가진 경험을 나누어주는 것으로 균형을 맞추려 했다. 영희가 꿈꾸는 미래가 무엇인지 알 수 없었지만, 내 삶과 크게 다르지 않기를 바랐다.

그로부터 20여 년이 지난 지금, 나는 나이를 먹어 결혼을 하고 아이를 낳았으며, 직업을 가진 사회 구성원의 일원으로 살아가고 있다. 가끔 생각한다. 그때의 영희는 어떻게 지내고 있을까? 그 병동에서 뛰쳐나와 더 넓은 세상에 발을 디뎠을까? 미용실에서 전문 디자이너에게 머리를 맡겨봤을까? 혹시 내가 친구와 함께 들어간 커다란 영화관 실내 어디쯤에 영희도 앉아본 적이 있을까? 카페에서 누군가와 수다를 떨거나 홀로 독서하며 시간을 보내봤을까?

정신질환은 관리하는 병이다. 어떤 치료로 인해서 뚝딱 하고 낫는 병이 아닌, 당뇨와 고혈압처럼 평생 증상을 관리하고 조절하는 병 말이다. 환청이든 망상이든, 특정 증상을 가지고 있어도 그것을 무시하고 학업과 직업 활동을 할 수 있는 상태. 그렇게 스스로를 책임지고 자립할 수 있는 상태로 만드는 것. 이것이 바로 정신질환의 치료 목표다. 지금 영희는 이런 치료 목표의 어디쯤에 도달해 있을까?

환청이라는 것에 속수무책으로 휘둘렸던 영희는, 나 이외에도 병원에서 한솥밥을 먹는 식구들을 때리는 일이 곧잘 있었다. 그럼에도 불구하고 그녀는 내게 가해자가 아닌 피해자처럼 느껴졌다. '정신질환'과 '폭력'이라는 단어를 멀찌감치 떼어놓고 보는 '영희'라는 사람은 무척이나 맑고 아름다운 존재였기 때문이다. 영희의 상글상글한 미소는 보는 사람도 함께 웃게 만들었지만, 한편으로는 한없이 마음을 아리게 하는 슬픔 또한 깃들어 있었다.

나는 소망한다. 나쁜 행동을 지시하고 끊임없이 자신을 협박하던 그 소리로부터 영희가 자유로워지길. 그 나쁜 소리가 다른 사람들에게는 들리지 않는다는 것을 영희가 알아차릴 수 있기를. 형체도 없는 그것이 자신을 절대로 해칠 수 없다는 사실을 깨달았기를……. 그리하여 영희가 어디선가 자신을 아름답게 지켜내며 살고 있기를 간절히 기도한다.

무기수여서
다행입니다

 나는 그가 무서웠다. 교도소 정신 재활 프로그램 참여를 위해 모인 교육생 모두와 스스럼없이 농담을 주고받으면서도 유독 그에게만은 간단한 인사조차 할 수가 없었다. 그도 나를 못 본 체하며, 따로 말 한마디 건넨 적이 없었다. 우리는 같은 공간에 있지만 서로의 존재를 인식하지 못하는 듯 지나쳐 다닐 뿐이었다.

 당시 첫째 아이를 출산하고 육아휴직 중이던 나는 산후우울증으로 매우 불안정한 상태였다. 특히 내 아이와 관련해서는 모든 것이 불안했다. 분유를 이렇게 적게 먹다가 3킬로그램 남짓한 아이의 몸이 사라지면 어떡하지? 전염병에 걸려서 생명이 위태로워지면 어떡하지? 갑자기 쓰나미가 밀려와서 아이를 삼키려고 하면 어떡하지? 이런 말도 안 되는 상상으로 떨고 있던 그때, 텔레비전 뉴스 화면에서 본 그는 내게 다른 종류의 두려움 하나를 더 심어주었다.

  뉴스는 범죄 당시 상황을 재연하고 있었다. 범행 대상이 된 남자아이를 성폭행하는 장면이 앵커의 입을 통해 전해졌다. 뉴스에서 자세하게 묘사되지 않았는데도 놀라울 만큼의 잔인함이 충분히 전달되었다. 이어지는 살해 장면에서 나를 기겁하게 한 것은 범행 수법이 아닌 그의 표정이었다. 쏟아지는 카메라 플래시 속에서 삽으로 흙을 퍼내는 그의 얼굴은 너무나도 단조롭고 덤덤했다. 마치 삶을 살아내기 위해서 겪어야 할, 조금의 변화도 없이 반복되는 매일의 일상이라기도 하듯 그의 낯은 무미건조했다.

  나는 인간이 가진 잔악성의 끝을 가늠할 수 없다고 느꼈다. 혹시라도 우리 애가 커서 저런 사이코패스가 되면 어떡하지? 너무 엉뚱해서 웃음이 날 정도의 상상력이지만 그 당시의 나는 세상의 온갖 불안을 모두 내 것인 양 끌어당기고 있었다. 엄마가 가진 걱정을 상쇄하기 위해 말도 잘 못 알아듣는 '아기'는 엄한 훈육을 받아야 했다. 의미 없는 아이의 손짓에 누군가가 스치기만 해도 그것은 '폭력'으로 규정되었다. 걸음마도 떼지 못한 아이를 세워놓고는 어떠한 경우에도 폭력은 정당화될 수 없다는 일장 연설을 해댔다. 그래야만 내 안의 불안이 조금이나마 사그라드는 것 같았다. 뉴스 속 그를 통해 획득된 성악설에 대한 믿음은 아이의 발달 시기를 고려한 훈육을 무시하게 만들기에 충분했다.

그런데 그 뉴스 속 사이코패스가 지금 내 눈앞에 앉아 있었다. 내 아이가 절대 닮아서는 안 되는 그가, 내가 교도소에서 진행하는 프로그램에 참여하기 위해 이 자리에 와 있는 것이다. 괜찮은 척해야 한다……. 다른 교육생들과 똑같이 대하자……. 아……, 그런데 표정 관리가 안 된다. 나의 어색한 친절을 눈치채고 있을까? 그렇더라도 어쩔 수 없다……. 일단 프로그램을 진행하자!

나는 긴장한 마음을 다독이며 준비해 온 그림을 가리켰다.

> **진행자(나)** 자, 이번에는 이 추상화를 보고, 떠오르는 이미지를 자유롭게 이야기해볼게요. 여러분은 같은 그림을 보고 있지만, 이 속에서 찾는 형상은 각자 다를 거예요. 정답은 없으니 보이는 그대로 편하게 말씀하시면 됩니다. 어떤 것들이 보이나요?
>
> ……

| **교육생 1** | 피자가 보입니다.
| **교육생 2** | 저는, 저 부분이 우산처럼 보였어요.
| **교육생 3** | 삼각자처럼도 보입니다.
| | ……
| **교육생 4** | 식칼로 보이네요.

그의 대답이었다. ……식칼? ……식칼이라니……. 예상치 못한 답변이 당혹스러웠다. 뉴스에서 본 끔찍한 장면이 머리를 스치고 지나갔다. 내 침묵이 길어서였을까? 그가 다시 말을 잇기 시작했다.

| **교육생 4** | 역시, 나라는 인간은 안 되는가 봅니다. 남들에겐 피자나 우산으로 보이는 것들인데…….

비난하지 말고 공감하라! 감정적으로 반응하지 말고 중립적인 태도를 취하라! 의도를 파악하라! 다른 구성원의 반응을 탐색하라! 필요시에는 주제를 전환하라! ……경험을 통해 충분히 익혔다고 생각했던 숱한 지침이 이 순간만큼은 머릿속에서만 맴돌 뿐 행동으로 표출되지 못하고 있었다.

문자 그대로 얼어버렸던 나를 그가 어떻게 느꼈을지는 모를 일이다. 이후에도 당시를 떠올려보면 정말이지 그 순간이 어떻게 지나갔는지조차 제대로 기억나지 않는다. 다만 '아……, 저 사람은 여기서 나가면 또 재범을 하겠구나……'라는 생각을 했던 것만은 분명하다.

내게는 너무나도 인상적인 이 프로그램이 있은 지 얼마 되지 않아 내 소속은 프로그램팀에서 상담팀으로 변경되었다. 다행히 이제는 더 이상 그와 이야기를 나누지 않아도 되었다. 하지만 우리는 여전히 같은 공간에서 자주 마주쳤고, 늘 그랬듯이 서로를 투명 인간 취급한 채 시간을 흘려보내고 있었다.

몇 년 뒤, 그와 나는 책상 하나를 사이에 두고 마주 앉았다. 어쩐 일인지 그는 필사적으로 내 시선을 피해 책상이나 바닥을 내려다보고 있는 듯했다. 그 덕분에 나는 그를 좀 더 자세히 바라볼 수 있었지만 여전히 마음 한구석이 불편했다. 당장이라도 저 사람이 나를 해치지 않을까 하는 아찔한 느낌이 수시로 나를 둘러싸며 긴장케 했다.

책상 위에는 커피믹스 한 잔이 놓여 있고, 책상 밑면에는 비상벨이 부착되어 있었다. 비상벨은 혹시 모를 갑작스러운 위험한 행동으로부터 나를 보호하는 장치였다. 하지만 '긴급 상황'에서 이 장치를 누를 수 있는 순발력이 나에게 있을지, 그가 나를 해치기 전에 남자 직원들이 벨 소리에 민첩하게 반응할지 알 수 없었다. 상담실 문 앞 직원들의 위치를 재차 확인한 뒤에야 나는 조심스레 대화를 시작했다.

"안준모 님과 이렇게 단둘이 앉아서 이야기해보는 것은 처음이네요. 김 계장님의 배치 이동으로 인해서 안준모 님 상담은 이제부터 제가 담당하게 되었습니다."

눈도 마주치기 힘든 사람과 상담을 해야 한다니……. 하지만 피하고 싶지는 않았다. 일단 부딪쳐봐야겠다는 생각이 자리를 뜨고 싶은 마음을 가까스로 이겨냈다. 시도조차 겁낼 수는 없었다. 이 또한 나에게는 경험이 될 것이었고, 안준모 또한 자신을 내보이지도 못한 상태에서 거부당하는 경험을 해서는 안 될 일이었다. 이미 그의 인생에 그런 기억은 숱할 터인데 나까지 거기에 하나를 더 보탤 수는 없는 노릇 아닌가.

"저는 상담 같은 거 필요 없습니다. 사고 안 칠 테니까 신경 쓰지 마세요. 그리고 딱히 할 말도 없습니다"라고 입을 뗀 그는 한 시간을 넘게 나에게 괴로움을 호소하며 자신이 처음 내뱉은 말을 무색하게 했다. 그러고서도 마지막 인사는 "제가 한 말은 다 헛소리여서 들을 필요도 없는데……. 앞으로는 이런 자리 안 만들어도 됩니다"라고 마무리했다.

  이후에도 사정은 마찬가지였다. 그와의 상담은 매번 한 시간을 꼬박 넘겼고, 나는 한 번도 그의 말을 끊지 않았다. 그를 둘러싼 이해할 수 없는 많은 사건, 끊임없이 들려오는 내면의 소리, 시시때때로 변하는 눈앞의 형상······. 그 혼란스러움을 밖으로 토해내게 해주는 것이 그의 숨통을 트이게 한다고 판단했고, 그것은 통했다. 몇 개월 뒤 그의 끝인사는 "매번 이렇게 긴 이야기를 해서 정말 미안합니다. 선생님은 힘들겠지만, 저는 이렇게 하고 나면 조금 살 것 같습니다"라는 내용으로 바뀌었다.

  물론 그의 말처럼 힘들었다. 다만 '힘겨움'에 대한 우리의 견해와 태도는 달랐다. '항상 반복되는 길고 긴 지루한 이야기를 들어내는 것'이 힘겨움에 대한 그의 정의였다면, 나의 힘겨움은 '안타까움'이었다. 그의 고통이 나에게로 전이됨에도 마땅히 해줄 수 있는 게 없다는 데 대한 무력감과 안타까움 말이다. '일로서 마지못해' 들어주고 있을 것이라고 생각했다면 그 역시 안준모의 오판이었다. 안준모의 이야기를 듣는 나의 태도는 '기꺼이'였다.

  나는 정신과적 고통을 겪는 그의 감정에 가닿기 위해 최대한 집중해서 이야기를 들었고, 그 결과 서로 쳐다보지도 않던 우리는 이제 표정만으로도 상대의 의중을 알아차릴 수 있는 관계가 되었다. 극도로 위험하고 끔찍한 뉴스 속 살인자는 질병으로 고통스러워하는 환자로 치환되었다. 그의 상황을 이해하고 그의 입장에 공감하는 동시에 산후우울증을 겪었던 나 자신을 성찰하는 과정은 그에 대한 방어적 태세를 누그러뜨렸다. 하지만 그럴수록 내가 도와줄 수 있는 부분이 얼마 없다고 느꼈고, 그에 대한 안타까움은 더욱 크게 다가왔다.

"어제도 환청이 너무 심해 한참 동안 머리를 움켜잡고 있었습니다. 말소리뿐만 아니라 레이저를 머리에 쏘는 느낌, 텔레파시로 대화하는 것 같은 느낌이 복합적으로 듭니다. 나조차 이런 감각들이 이상하게 여겨져서 더 힘이 듭니다. 상식적으로 생각해도 일어날 수 없는 일들을 경험하고 있으니 더 답답하고, 뇌가 누군가에게 갉아 먹히는 느낌입니다."

안준모는 자신의 의지를 무시한 채 침투하는 불쾌한 감각들이 되살아나는 듯 한껏 미간을 찌푸리며 말을 이어나갔다.

"24시간 불안을 안고 삽니다. 다른 사람들이 내 욕을 하는 것 같고, 어떤 존재가 나를 계속 지켜보는 것 같은 느낌 때문에 늘 긴장과 불안, 그리고 의심 속에서 살아야 하죠. 그 존재가 '너는 희망이 없다. 자해를 하라'고 재촉하기도 합니다.

나 같은 놈은 국가 예산을 소비하면서 살아 있어야 할 가치가 없는 인간입니다. 나도 내가 왜 이런지 정말 많이 생각해봤는데 도저히 알 수가 없습니다. 지금도 누군가를 해칠까 봐 두렵습니다. 너무 답답하지만 자극 없이 단조로운 이곳이 그나마 나를 안정시켜주는 면이 있습니다. 사회에 나가서 수많은 사람을 마주친다면 내가 또 어떻게 변할지 알 수 없습니다. 나 자신을 믿을 수가 없습니다. 내가 정말 사이코패스일까 봐 무섭습니다."

그가 저지른 범죄사건이 일어났을 당시, 끔찍한 살해 방법이 이슈가 되면서 심리학자들은 '사이코패스'라는 단어를 자주 입에 올렸다. 하지만 해당 전문가들이 안준모와 일면식이라도 있었을지 의문이 든다. 섣부른 명명으로 사회적 이슈 만들기에 가담해 한 사람의 인생에 지워지지 않는 화인을 찍어준 것은 아닐런지……. 실제 그의 진료 차트에는 '사이코패스'라는 단어가 기재되어 있지 않았다. 정확히 말하면 사이코패스는 《정신질환 진단 및 통계 편람》에는 없는 진단명이다. 법을 무시하고 남을 기만하며 죄책감을 느끼지 않는 등의 특성을 갖는 '반사회적 성격장애'가 사이코패스와 가장 유사하게 사용되지만 그렇다고 둘이 완전히 동일한 것은 아니다. '충동적이며 미리 계획을 세우지 않는다'와 같은 반사회적 성격장애의 진단 기준은 치밀할 정도로 계획적일 수 있는 사이코패스와 다른 구분점이기도 하다.

그렇다면 연쇄살인범 유영철, 과외 앱을 통해 만난 또래 여성을 잔혹하게 살해하고 시신을 유기한 정유정, 아동 성폭행범 조두순 등에서 유의미한 점수를 보인 사이코패시 검사 PCL-R; Psychopathy Checklist-Revised의 결과는 어땠을까? 이 검사에서도 안준모는 사이코패스의 변별 기준점인 25점에 미치지 못했다. 수차례 상담을 진행한 나는 '조현병'이라고만 기재된 차트 기록에 동의했다.

현재 그는 복용할 수 있는 최대치의 용량으로 약물 치료를 하고 있지만, 여전히 이어지는 수많은 증상 탓에 괴로워하고 있으며, 다양한 증상 대처법도 그의 앞에서는 딱히 힘을 발휘하지 못하는 것만 같았다.

"망상은 밤새 나를 놓아주지 않습니다. 기상 시간이 되고 사람들이 움직이기 시작하면 그때야 현실을 살아가게 되지만, 그것도 잠시일 뿐입니다."

그의 망상은 자신의 머릿속에 전자 칩을 심을지도 모를 외계인을 경계하게 했으며, TV 전자파가 밤새 그의 생각을 빼간 뒤 다음 날 방영하지는 않을지 노심초사하게 했고, 근무자들이 자신의 욕을 하고 있는 것은 아닌지 귀를 쫑긋 세우게 만들었다. 때론 뇌가 썩어 들어갈지도 모른다는 공포감을 심어주고, 자살을 종용하며 생명을 위협하기도 했다.

혹시라도 이런 삶을 상상해본 적이 있는가? 거의 24시간 동안 실체도 없는 존재와 악전고투해야 하는 삶 말이다. 단순히 내용을 전해 듣는 것만으로도 힘든 지금의 상태가 어쩌면 그에게는 최상일지도 모른다는 사실이 더욱 끔찍했다.

◇

종합 의료 자료 MSD 매뉴얼에 따르면, 조현병을 앓는 사람의 3분의 1은 크게 호전되고 그 기간 또한 오래 지속되며, 3분의 1은 어느 정도 호전되지만 간간이 재발하고 장애가 남으며, 3분의 1은 심각하고 영구적인 무능력을 경험한다고 한다. 상담을 통해 살펴본 그의 경우는 가장 나쁜 예후에 속할 것 같다는 불행한 예감이 든다.

정신건강 약물의 개발, 인도주의 이념, 정신병원의 시설 유지나 인건비 지출 등과 관련된 경제적 이유로 '정신병원'이 아닌 '지역사회' 속에서 이들의 치료와 재활을 돕는 탈시설화가 세계적인 추세로 떠오르고 있다. 하지만 제아무리 이름난 명약이라도 먹지 않으면 무용지물이 되고, 제아무리 넘쳐나는 돈이라도 지역사회 정신건강사업에 쓰이지 않으면 결국 가족이나 길거리가 정신병자들을 감당해야만 한다. 인권위원회의 정신건강 실태조사를 몇 차례 경험한 나는, 그들의 그럴싸한 인도주의 정신이 도리어 오만하게 느껴질 때가 있다. 병중에 있으면서도 그것을 알아차리지 못하고 발현되는 증상에 속수무책으로 당하기만 하는 사람들, 병을 알아차리고도 관리하지 못하는 사람들과 부대끼고 살아야만 알 수 있는 것들이 있기 마련이다.

안준모에게 구금에 대한 선택권이 주어진다면 그는 분명히 이곳을 벗어나려 할 것이다. "너무 답답하지만 자극 없이 단조로운 이곳이 그나마 나를 안정시켜주는 면이 있어요"라는 그의 말은 '석방'이라는 솔깃한 제안 앞에서는 금세 힘을 잃을 것이다. 그렇게 세상 밖으로 나간 그는 어떻게 될까. 약물 치료를 중단하고, 다종다양한 사람들과 부딪히고, 일자리를 구하려는 시도는 매번 좌절되고, 갈수록 생활고에 시달리게 될 것이다. 수많은 자극에 노출된 그는 더욱 과격해진 환청과 망상을 상대로 투병해야만 할 것이다.

죽음에 대한 자기 결정권만큼이나 답이 나오지 않는 논쟁이 될지 모르겠으나 교도소 밖 안준모의 삶을 두고 과연 인도적이라고 평할 수 있을지는 생각해볼 문제다. 어떠한 통제 속에 들어가는 속박이 오히려 질환의 고통으로부터 해방해줄 카드가 되기도 한다. 교도소가 되었건 정신병원이 되었건, 그곳에 갇히는 것이 '감금'이 될지 '보호'가 될지 섣부르게 단정지을 수 없는 이유다. 다만 더 이상 안준모로 인해 빚어질지 모를 사회적 혼란을 보고 싶지 않은, 또한 안준모 개인의 고통을 바로 옆에서 지켜본 나로서는, 그가 무기징역형을 받은 것을 차라리 다행으로 여길 뿐이다.

자라지 못한 모성

또다시 아동학대로 인한 사망사건이 발생했습니다. 생후 8개월 된 아들을 학대해 숨지게 한 혐의를 받는 양부 A 씨가 재판에 넘겨졌습니다. 또 검찰은 A 씨의 학대 행위와 아들의 의식불명을 알면서도 방치한 친모 B 씨도 함께 기소했습니다.

검찰에 따르면, A 씨는 새벽 시간에 울면서 잠을 깨우는 아들을 홧김에 발로 찼다고 하는데요, 발에 차인 아들의 머리가 가구 모서리에 부딪히면서 그 자리에서 사망한 것으로 추정됩니다. 한편, B 씨는 이 모든 정황을 알면서도 남편의 말에 따라 아무런 조치도 취하지 않았다고 합니다……

뉴스 채널에 고정되어 있는 TV에서는 카랑카랑한 앵커의 목소리가 배경음악처럼 흘러나오고 있었다. 건조대에 널려 있는 옷가지들을 걷고 있던 나는 드문드문 들려오는 비참한 소식에 하던 일을 멈추고 TV 앞으로 바짝 다가갔다.

앵커의 말처럼, 또, 또다시, 아동학대 사건이 발생했다. 아이가 당한 고통이 먹먹하게 가슴을 적시는 사이, 뉴스는 이미 다른 소식을 전하고 있었다. 바뀐 TV 화면을 재빨리 쫓아가지 못하고 여전히 이전 영상의 잔상 속에 머물러 있던 나는 한참을 우두커니 앉아 있어야만 했다.

교도소라는 곳은 사회적 공분을 일으키는 뉴스 앞에서 종종 나를 침묵하게 만들었다. 비난해야 할지 안타까워해야 할지 결정하지 못한 마음속 말들이 아우성쳤지만, 어떤 말도 입 밖으로 쉽게 나오지 않았다. 학대 부모를 향해 즉각적으로 쏟아지는 사회적 비난은 잠시 미루어도 늦지 않다는 것을 경험을 통해 알게 되었기 때문이다. 어쩌면 상담실에서 머지않아 기사 속 이야기의 장본인을 만나게 될지도 모를 일이었다. 생각이 거기까지 미치자, 갑갑함이 더 세차게 차올랐다. 마음의 갈피를 잡지 못한 채 당사자를 대면하는 것은 혼란스러움만 가중시킬 뿐이었다.

그날도 어김없이 출근을 했다. 반복되는 일과에 집중하다 보니 오전 시간이 흘러가고, 드디어 잠깐의 여유가 찾아왔을 때 '일일 중점 관찰 대상자' 지정을 담당하는 팀에서 전화가 걸려왔다.

"여자 수용동에 언론 보도자가 한 명 들어왔습니다. 신변을 비관해서 혹시나 극단적인 행동을 할 가능성 같은 게 없는지, 일일 중점 관찰 대상자로 지정해야 할지 좀 잘 살펴봐주세요. 상담하고 나면 연락 부탁드리겠습니다."

"예, 알겠습니다. 만나고 나서 연락드리겠습니다."

전화를 끊은 나는 곧장 수용자 정보 시스템에 접속했다. '아동학대범죄의 처벌 등에 관한 특례법 위반'이라는 죄명이 붙은 여자 수용자의 명단이 보였을 때, 내리고 있던 마우스 스크롤 휠을 멈췄다. 이름을 클릭하자 언론 보도자임을 알리는 팝업창이 먼저 나타났다. 나는 무심중에 한숨을 토해냈다. 다시 마우스를 클릭해 팝업창을 닫고, 범행 내용이 적힌 사건 개요를 읽어 내려갔다. 기록의 주인공은 역시나 그녀였다. 파일에 적힌 정보는 뉴스에 보도된 것보다 조금 더 상세하고, 일부 다른 내용도 섞여 있었다.

나 역시 '엄마'라는 이름으로 살고 있기에, 그녀를 만나려니 마음이 편치 않았다. 언제나 '나는 재판관이 아니다'라는 말을 주문처럼 되뇌고 되뇌지만, 지은 죄에 대한 판단이 앞서는 건 사람인 이상 어쩔 수 없었다. 복잡한 마음을 정리하기 위해 잠시 숨을 고를 여유가 필요했다. 하지만 사흘 안에 신입 수용자를 상담하도록 되어 있는 규정은 내게 충분한 시간을 내어주지 않았다. 이런 상황에서 내가 할 수 있는 일은 그녀와의 만남을 '상담 한 건'이라는 '실적'으로 처리하는 것뿐이었다. 감정을 소모하지 않기로 했다. 피상적으로 이야기를 듣고, 적당한 위로를 건넨 뒤, 잘 지내라는 인사를 마지막으로 자리를 뜰 것이었다. 그렇게 마음의 문을 닫고, 언론에서 친모 B 씨로 보도된 박은수가 있는 수용동의 철문을 열었다.

박은수는 둔한 몸을 이끌고 쭈뼛쭈뼛 상담실 문을 열고 자리에 앉았다. 나름대로 마음의 준비를 한 것이 허망했다. '교도소'라는 곳이 무서워서 주눅이 든다고 말한 그녀는 아이와 관련해서는 한마디 언급조차 하지 않은 채 삼촌이 보고 싶다며 무작정 울었다. 회피적 반응이라고 보기에는 그 울음이 너무나 천진했다. 마치 놀이공원에서 부모의 손을 놓치고 겁에 질려 있는 아이 같았다. 그 모습이 당황스러워 박은수의 사건 파일을 다른 사람의 파일과 혼동해버린 것은 아닌가 싶을 정도였다. 대화가 좀 더 진행되기 전까지 얼떨떨함은 쉬이 사라지지 않았다.

박은수는 같은 말을 천천히 여러 차례 반복하고 설명해줘야 할 만큼 이해력이 부족했다. 언론 보도자이니 좀 더 주의를 기울여달라는 직원의 전화가 무색할 만큼, 그녀가 현재의 상황을 정확하게 인지하고 있는지조차 의문스러웠다. 활용하는 어휘 자체가 빈곤했고, 자신의 생각과 감정을 적절하게 표현하는 데도 어려움이 있어 보였다. 머리카락은 헝클어져 지저분했고, 단추는 짝이 맞지 않게 꿰여 있었다. 자기 돌봄조차 힘겨운 한 사람이 다른 한 사람을 키워내는 어마어마한 일을 감당한다는 것이 애초에 버거운 도전이었을지도 모른다는 생각이 들었다.

그랬다. 박은수는 지적장애자였다. 그런데 어떤 범죄 사건이 정신질환과 관련이 있을 때마다 지나칠 정도로 그 사실을 강조해 언급해오던 언론에서 이번엔 왜 박은수의 지능 수준에 대해서 일언반구도 내뱉지 않았을까?

2020년대 초, 텔레그램 성착취 사건으로 한국 사회가 경악했을 당시, 핵심 가해자들의 자원봉사 이력, 높은 학업 성취도, 훌륭한 글솜씨 등이 보도되면서 '가해자의 서사'에 대한 논쟁이 일었다. '가해자에게 서사를 부여하지 말라'는 슬로건은 범죄자의 개인사가 사건의 본질을 훼손하는 것을 경계하자는 의미에서 나온 목소리였다. 가해자의 서사를 업業으로 하는 나로서는 이 구호가 목에 걸렸다. 마치 사회 정의 실현에 반동적인 행위를 하는 악의 동조자가 된 기분이었다.

그렇지만 박은수에게 이미 존재하고 있는 서사를 대면하지 않을 수는 없는 노릇이었다. 내가 부여하기 전에 이미 그것은 실존하고 있었고, 그것에 대한 이해 없이는 범죄의 이유를 따질 수 없고, 이유가 없는 행동에서는 해답도 찾을 수 없기 때문이다. 십 대 때 겪은 두 차례의 성폭력, 원가족의 부재, 폭력적인 현재의 남편, 그리고 지적장애……. 그녀의 삶을 수식하는 단편적인 기록들이 과연 이 끔찍한 사건과 무관한 것인지 알아야 했다.

문득 병원에서 근무할 때 만났던 한 여자아이가 떠올랐다. 정상적으로 학교를 다녔다면 예쁜 교복을 입었을 아이는 하얀 환자복을 입고 있었는데, 매달 찾아오는 생리혈을 처리하지 못해 엉덩이 부분이 붉게 젖어 있기 십상이었다. 아이는 알지도 못하는 누군가에게 성폭력을 당한 뒤 낙태를 한 경험까지 있었기에 우리는 자궁절제술을 진행해야 할지 조심스럽게 고민해보았다.

　자폐증(2013년 개정된 《정신질환 진단 및 통계 편람》에서는 '자폐 스펙트럼 장애'라는 진단명을 사용하고 있음)과 지적장애를 모두 가지고 있었던 아이는 사회적인 의사소통이나 상호작용의 결함뿐만 아니라 침대 시트를 계속 뜯어내는 것과 같은 제한적이고 반복적인 행동을 보이는 등의 문제를 지니고 있었다. 문제 행동을 하는 이유를 알 수도 없었고, 논리적인 설명으로 통제되지도 않았다. 아주 기본적인 자기 관리조차 되지 않았고, 어떤 폭력 앞에서도 속수무책이었으므로, 병원에서 나간다면 또다시 누군가의 성욕 해소를 위한 도구가 될 가능성이 농후했다. 성범죄 대상이 되어 임신과 낙태 혹은 출산으로 이어질 예견되는 불행이 그녀의 일생이었다.

　물론 여자로서 견디기 힘들 엄청난 난행 앞에 노출된 아이에게 단지 임신을 막는 수술 처치만이 능사는 아니겠지만, 적어도 이것이 인간적 존엄을 지켜주기 위한 최소한의 방법이라는 생각이 들었다. 이렇게 표현하는 것이 몹시 미안하지만 아이의 삶은 짐승의 그것과도 같았다. 아이를 떠난 가족 또한 이해되었는데, 제어할 수 없는 생명체를 평생 품는 것보다 죄책감이라는 돌덩이를 평생 품는 편이 덜 고될 것이었기 때문이다.

　박은수는 그때 만난 아이에 비하면 꽤 인간적 삶을 살고 있었음에도, '여성'으로서 당하는 피해 면에서는 정확히 그 아이를 연상시켰다. 박은수가 삼촌이라고 부르며 애타게 찾는 사람은 사실상 피 한 방울 섞이지 않은 '지인'이었다. 지인이라지만 정확히 어떤 사이인지 알 수 없는 관계였다. 학대 피해자인 아들은 이전 동거남과의 사이에서 태어난 아기였는데, 동거남이 임신한 그녀를 떠난 이유는 알 수 없었다. 이전 성폭력 가해자들이 해바라기센터 상담을 받도록 도왔다는 것도 이해되지 않았고, 그들과 어떻게 얽혀 있는지도 분명치 않았다. 무엇보다 자신의 아이를 죽음에 이르게 한 현재의 동거남을 '보고 싶다'라고 말하는 그녀의 감정은 아무리 애서도 납득하기가 어려웠다. 죽은 아기는 박은수에게 애초에 존재하지 않았던 대상처럼 느껴졌다.

　지적장애라는 것이 모성에도 영향을 미치는 것일까? 그녀는 자신의 삶 한가운데 있었을 '피해'를 '피해'로 인지하고는 있을까? 박은수의 케이스를 살펴볼수록 '피해'와 '가해'가 뒤죽박죽 섞여 있는 것만 같았다.

　상담을 마무리하고 사무실로 돌아온 나는 '모성애'와 관련된 자료를 찾아보았다. 모성애의 사전적 의미부터 동물의 모성애, 모성애가 빚어내는 성차별을 다룬 내용까지 다양했다. 그중 두 명의 아빠로 구성된 동성애 부부를 대상으로 한 실험이 눈에 띄었는데, 육아 경험은 임신과 출산 과정을 겪지 않더라도 남성의 뇌를 자극하여 엄마의 뇌와 동일한 방식으로 양육 네트워크를 활성화한다는 〈사이언스타임즈〉 기사였다. 동물도 갖고 있기에 당연히 본능이라고만 생각했던 모성애가 후천적인 노력과 경험에 의해서 형성된다는 견해가 있다는 것이 놀라웠다. 분만이나 모유의 생산을 돕는 옥시토신 호르몬이 모성애를 유발한다고 하지만, 이런 생물학적 변화를 겪지 않고도 입양아들을 잘 키워내는 부모들을 봤을 때, 모성애가 애착과 돌봄 과정에서 만들어진다는 견해가 수긍되었다.

또, 학대에 장기간 노출된 아이들의 뇌에서 감정을 느끼는 편도체 용적이 감소된다는 연구도 눈에 띄었다. 실제로 19세기 말 편도체 이상이 발견된 원숭이에게서 모성애가 결여된 모습이 보이기도 했다고 한다. 박은수의 모성애도 이런 메커니즘에서 이해해볼 수 있을까? 그녀가 받은 피해가 가해의 모습으로 바뀐 것은 아닐까? 머릿속으로 그녀를 떠올릴수록 이런 연구 결과가 더욱 엄중한 무게로 다가왔다.

지적장애자 박은수의 시선에 닿은 세상을 이해하려는 노력이 유사한 범죄를 예방하는 시발점이 될 수 있기에 나는 몇 가지 의문을 품는다. 그녀의 서사에 담긴 살인이라는 행위를 단순히 파괴된 양심으로 규정할 수 있을까? '자녀를 살해한 모'라는 한 문장에 그녀의 모든 삶을 담을 수 있을까? 범죄자에게 온정을 베풀고자 이렇게 묻는 것이 아니다. 정상 범주에서 벗어나는 한 사람이 가지는 도덕적·상황적·법적·가치적 판단 기준과 그것에 따른 감정 세계를 통해, 상식선을 넘지 못하는 우리의 시야를 확장하고 싶을 뿐이다.

나는 묻고 싶다. 형법에서 심신미약의 감형을 고려하는 바와 같이 우리가 가진 질타의 시선에도 최소한의 고민을 담아 볼 수는 없는 걸까? 성급한 비난을 잠시 보류하고 그녀가 살아온 이야기에 관심을 가지는 것은 어떨까? 박은수는 마땅히 '처벌'받아야 하고, 동시에 '보호'받아야 할 대상이다. 한 사람의 삶의 궤적을 들여다보는 과정이 때로는 불편하고 고통스럽더라도, 멈추지 않고 묻고 살피는 일. 그것이 또 다른 죽음과 상처를 예방하기 위한 최소한의 연대일 것이다.

더 적극적으로
아무것도 하고 싶지 않다

 이지영은 조현병을 앓고 있었다. 조현병의 증상은 망상, 환각, 와해된 언어, 극도로 와해된 또는 긴장성 행동, 음성증상으로 분류된다. 이 가운데 음성증상은 무욕증, 사회성 결여, 무언어증, 무감동 등과 같이 정상적인 정서적·사회적 기능이 저하하거나 상실되는 상태를 말한다.

 범죄를 저지를 당시 이지영의 환각과 망상은 무시할 수 있을 정도의 잔류 증상만 남아 있는 상태였고, 대신 음성증상이 그 자리를 채우고 있었다. 이 음성증상이라는 것은 이지영이 적극적으로 아무것도 하고 싶지 않게 만들었다. 이해할 수 없는 이유로 사람들과 시비가 붙어 통신사 상담원이라는 직업을 잃은 지 오래되었지만, 일자리를 구할 생각이 없었다. 부모가 이지영의 생계를 도와주고 있었지만, 넉넉하지 못한 살림이라 경제적 지원은 오래가지 못했고, 그나마 그녀가 벌어둔 얼마간의 돈도 그새 밑바닥을 드러냈다. 자취방 월세와 관리비가 밀려 집주인에게 독촉을 받았지만, 이지영은 그것을 자신과 전혀 상관없는 일처럼 취급했다. 집주인을 더 화나게 했던 것은 청소가 되지 않은 집에서 심한 악취가 나기 시작한다는 것이었다. 그대로 방치했다가는 집이 망가질 것만 같았다. 집주인은 몇 가지 법적 조치와 함께 집을 비워달라고 요구했지만 이지영은 응하지 않았고, 결국 퇴거 불응죄와 함께 임대계약서에서 지켜지지 않은 항목들과 해결되지 않은 금전 문제가 더해져 구속에까지 이르렀다.

그런데 이지영이 막상 교도소에 입소하고 얼마 지나지 않아 다시 양성증상이 나타나기 시작했다. 실재하지 않는 사람들의 웃음소리가 귀에서 들렸고, 자신에게 말을 거는 어떤 목소리들과 대화를 했으며(다른 사람들이 봤을 때는 혼잣말을 하는 것처럼 보였다), 옷을 입은 상태로 아무 곳에서나 대소변을 보았다. 때로는 수용 거실 창살을 떼어내려 하고, 한참을 울다가 갑자기 춤추고 웃는 이상행동도 눈에 띄었다.

이런 증상을 보이는 수용자들은 일반 교도소에서는 감당하기가 어려웠기에, 내가 근무하는 곳으로 보내지는 경우가 많았다. (이곳은 정신질환자 집중 치료기관으로 특성화되어 있는 교도소다.) 다행히 이지영은 약물 치료를 받으면서 증상이 안정됐고, 사고의 우려가 있는 문제행동도 더 이상 보이지 않았다. 하지만 아쉽게도 조현병의 음성증상에 대해서는 약물 치료의 효과가 한정적이었다.

내가 이지영을 처음 만난 때는 그녀가 출소를 약 6개월 정도 앞두고 있을 때였는데, 음성증상으로 인해 기본적인 자기관리조차 되지 않고 있었다. 구속 전과 다를 바 없는 당시의 상태라면 그녀의 자립은 요원해 보였고, 이는 재범으로 이어질 가능성이 높다는 점을 시사했다. 자연스레 이지영을 좀 더 적극적으로 도와야겠다는 마음이 일었다. 나는 〈만성 조현병 환자의 음성증상 완화를 위한 동기 상담 적용에 관한 단일사례연구〉라는 논문을 참고해 그녀의 삶에 끼어들었다. 욕구가 없는 것이 주요 특징인 조현병의 음성증상 환자를 대상으로 변화하고자 하는 동기를 유발해 성공한 연구 사례가 솔깃했다. 논문에서는 외부에서 주어지는 보상을 통해 행동의 변화를 이끌어내는 방식을 시작으로 결국 내적 성취감까지 획득하는 과정이 기록되어 있었다. 이 사례를 이지영에게 어떻게 적용해야 할지 고민했다. 연구 대상자들의 기능적 수준은 이지영의 그것보다 높아 보였다. 그 시작이 쉽지 않았음은 당연했다.

'상담'을 한다는 것도 누군가를 대면하는 사회적 관계임이 분명하지만 이지영은 그 관계를 위해서 세수와 양치를 하고 머리와 옷매무새를 다듬어야 한다는 생각을 전혀 하지 않는 듯했다. 아무렇게나 흐트러진 긴 곱슬머리는 그녀가 조금 전까지 자리에 누워 있다가 상담실로 나왔다는 사실을 그대로 드러내주었다. 심지어 그녀의 입가와 옷에는 식사를 하면서 튀었을 붉은 양념이 적나라하게 말라 붙어 있었다.

외관으로 드러나는 것만큼이나 상담 진행도 난처했다. '과연 내 말이 가닿았을까?'라는 의심이 들 때쯤에나 그녀는 내가 준 자극에 대한 느린 반응을 내놓았다. 나를 바라보는 이지영의 시선은 언제나 공허했고, 그래서 지금 그녀가 내보이는 것이 어떤 감정인지, 대체 무슨 생각을 하는 것인지 헤아리기 어려웠다. 주변에서 일어나는 어떤 일도 그녀와는 상관이 없는 것만 같았다.

나름 오랜 정신과 근무 경력을 가지고 있었지만, 이런 환자들을 대하기는 늘 쉽지 않다. 몇 마디 말을 건네보아도, 성의 없이 돌아오는 단답형 대답에 나도 할 말이 없어졌다. 일반적으로는 "식사하셨어요?"와 같은 폐쇄형 질문이 대답을 제한

한다고 하지만, 생각이나 어휘 자체가 빈곤한 상태에서 열린 질문에 대답한다는 것 또한 쉽지 않았다. 가령 "요즘 마음이 어떠세요?"라고 물으면 "그냥 그래요"라는 짧은 답변이, "만약 기적이 일어난다면 어떤 변화가 있었으면 좋겠어요?"라는 물음에는 멀뚱멀뚱한 시선이 되돌아올 뿐이었다. 추상적이고 모호한 질문보다는 차라리 "예" "아니요"로 대답할 수 있는 여러 번의 질문으로 친밀감을 쌓는 편이 나을 터였다.

언젠가 하루는 이지영과 함께 하루 일과표를 작성해보았다. 단조롭고 무기력한 자신의 생활을 직접 쓰고 보는 과정을 통해서 '이렇게 지내서는 안 되겠다. 바뀌어야겠다'라는 동기를 끌어내려는 목적에서였다. "어제 하루는 어떻게 지내셨어요?"라는 물음과 "그냥 밥 먹고 TV 보고 누워 있고……"라는 대답을 넘어서기 위해서는 생각하면서 쓰는 구체화 작업과 그 결과물을 보는 시각화 작업이 필요했다.

시간	일과
오전 6시 10분	기상
오전 6시 30분	점검
오전 7시	아침 식사 혹은 잠, 설거지(1회/6일)
오전 8시	아침 약 복용, 방 청소

오전 8시 15분	점검
오전 9시 이후	TV 시청(세수, 양치)
오전 10시~11시	휴식
오전 11시 40분	점심 식사, 설거지, 청소(1회/6일)
오후 12시	라디오 청취
오후 1시	간식 먹기, 편지 쓰기(가끔 운동)
오후 2시	TV 시청, 낮잠
오후 4시 30분	점검, 저녁 식사, 설거지, 방 청소(1회/6일)
오후 5시 30분	TV 시청
저녁 8시	저녁 약 복용
저녁 8시 30분	취침 전 이불 깔기, 간식 먹기
저녁 9시	취침

아침 기상과 점검 때는 반드시 일어나 있어야 하므로 일단은 이지영도 몸을 일으켜 움직였다. 하지만 이 순서가 지나고 아침 식사 시간이 되면, 잠에 식사를 양보하는 날이 대부분이었다. '식기 당번제' 규칙에 따라 엿새에 한 번은 자신이 설거지와 뒷정리를 해야 하지만 그 외의 날은 주로 잠을 잤다.

보통의 수감자들은 아침 약을 먹고 다 같이 간단한 방 청소를 하고 잠깐의 점검을 마친 뒤 TV 시청을 하거나 세안 등을 했다. 하지만 위생 관리에 별 관심이 없는 이지영은 세안은 물론이고 양치를 거르는 날도 많았다. 그녀의 일과표에서 'TV 시청, 라디오 청취'라고 적힌 부분은 실제로는 누워서 잠을 자거나(규정상 낮 동안 누워 있는 것이 금지되어 있기 때문에 나름의 요령이 필요하다) 멍을 때리는 시간이었다. 설령 시선이 TV를 향해 있더라도 TV를 보고 있음을 의미하는 것은 아니었다. 실제로 그녀는 TV 화면에서 흘러나오는 내용에 관심이 없었다. 그저 눈앞에 TV가 있을 뿐이었다. 모두가 박장대소하는 코미디 프로그램이 방영되어도 그녀의 얼굴에는 아무런 감정이 떠오르지 않았다.

조금 더 적극적인 조치가 필요했다. 월 1회 주기의 만남을 주 2회로 늘려 우선은 이지영과 친해지는 데 중점을 두었다. 스스로에게 관심을 돌릴 만한 질문을 많이 했고, 자기 자신의 강점을 함께 찾아보는 데 많은 시간을 할애하기도 했다. 자신의 속마음과는 상관없이 상담자의 지시에 따라 움직인 것일 수도 있겠지만, 방에서조차 꼼짝하지 않으려는 이지영이 일주일에 두 번씩 상담을 위해 나온다는 것만으로도 고무적인 성과라면 성과였다.

그러던 어느 날, 이지영은 출소 후 자신이 원하는 삶에 대하여 이야기하기 시작했다. 살을 빼서 예쁜 옷을 입고 싶고, 가족과 여행을 가고 싶고, 돈을 많이 벌고 싶다고도 했다. 우리는 이 가운데서 당장 교도소 안에서 실현할 수 있는 소망을 목표로 잡았다. 당시 그녀의 몸무게는 96킬로그램에 육박했다. 여행을 가기 위해서도, 예쁜 옷을 입기 위해서도, 체중 감량이 우선이라는 내 말에 그녀는 동의했다. 우리는 함께 다이어트를 목표로 구체적 계획을 세웠다. 주 2회 체중 체크하기, 하루에 물 열 잔 마시기, 실외 운동 나가기, 낮잠을 줄이고 대체 활동으로 그림 그리기나 편지 쓰기, 위생 관리가 그것이었다. 중간중간 수정과 보완이 뒤따랐지만, 그녀는 계획을 비교적 잘 지켰고, 상담 시간에 웃거나 서운한 기색을 보이는 등 감정 표현 또한 덩달아 늘었다. 심지어 내가 묻지 않은 수용 생활에 대해 먼저 말하는 경우도 있었다.

사실 음성증상을 보이는 수용자는 수용관리 차원에서는 신경이 덜 쓰이는 부분이 있다. 아무것도 하지 않으려는 만큼 '사고'를 치거나 '문제행동'을 하는 경우가 적기 때문이다. 이런 사정을 아는 나로서는 슬며시 수용동 근무자들의 눈치가 보이기도 했다. 거의 잠만 자던 이지영의 활동 증가를 문제행동의 전조 증상으로 느끼지는 않을까 우려했기 때문이다. 그러나 우리의 실천 활동이 그렇게 눈에 띄지는 않았는지 별다른 소동은 일어나지 않았다. 그럼에도 이지영과 나는 알고 있었다. 시나브로 쌓여가고 있는 그녀의 변화를.

    결국 증상이 호전되어 이지영은 퇴병했고(퇴원의 개념이 이곳에서는 '퇴병'이다), 다른 교도소로 이송을 간 뒤 출소했다. 이송 가기 전 이지영이 잰 마지막 몸무게는 92킬로그램이었다. 비록 모두가 부러워할 만한 날씬한 몸매는 아니었지만 나름대로 큰 결실이었다.

◇

    출소 후 이지영은 잘 지내고 있다는 소식과 함께 나와 보낸 시간이 자기 인생에서 너무나도 소중했다는 마음을 안부 편지에 담아 보내주기도 했다. 마침 유난히 변하지 않을 것 같은 내담자를 만나고 터벅터벅 사무실로 돌아온 날이었다. 책상 위에 곱게 놓인 그녀의 편지는 굳이 봉투를 뜯지 않아도 설렘을 주기에 충분했다. 봄을 연상시키는 분홍빛 봉투에 쓰여진 익숙한 글씨체의 이름 석 자가 이미 이지영의 안부를 전하고 있었다. 적어도 지금의 그녀는 누군가에게 마음을 전하고 싶다는 정도의 동기가 있고, 또 그것을 실행에 옮겨 편지를 쓰고, 우표를 붙여 우편함에 넣기까지의 추진력을 갖고 있는 것이다.

'잘 지내고 있구나…….'

안도와 함께 미소가 지어졌다. 내가 하는 일에서 이런 보람을 느끼기가 쉽지 않기에 이지영의 편지는 기쁨과 뿌듯함을 넘어서 고마운 마음까지 들게 만들었다.

일반적인 경우와 달리 나의 내담자들은 자신이 왜 상담을 받아야 하는지 그 이유조차 모른 채 나를 만나게 되는 것이 보통이다. 그들이 나를 찾아오는 것이 아니라 어느 날 갑자기 내가 그들 앞에 '상담자'라며 등장하는 것이다. 애초에 변화 동기나 욕구가 없는 사람을 상대로 조금 더 나은 삶을 제안해야 하는 난점은 차치하고, 뇌 건강의 문제와 법망을 넘나드는 대상자들의 삶을 두고 가시적인 성과를 낸다는 것이 녹록한 일은 아니었다.

그렇기에 더 곡진한 마음으로 이지영의 증상이 재발하지 않고 사회의 일원으로 잘 살아갈 수 있기를 바랐다. 백 가지의 사연이 백 가지의 상담 목표를 지닌다 할지라도 교도소에서 이루어지는 상담의 최종 목표는 '재범 방지'인 것이다. "범죄자는 바뀌지 않아!" "정신병자일 뿐이야!" "고통받는 피해자를 두고 무슨 가해자 상담이야!"라는 수군거림 앞에 이지영을 당당히 내세우고 싶다. 온갖 화인 속에 갇힌 한 사람의 변화가 일으키는 나비효과는 상상만으로도 나를 벅차오르게 한다. 정신병자의 병증은 나아지지 않을 것이라는 믿음, 범죄자의 삶은 반복될 것이라는 믿음에 물음표를 띄우고, 가해자의 새로운 출발은 또 다른 피해자 발생을 막는 사회 안전임이 이지영의 작은 날갯짓으로부터 파장되기를 소망한다. 그리고 내가 하는 일이 한없이 미약하게 느껴지는 어떤 날에, 나 또한 그녀를 떠올리며 힘차게 걸어갈 수 있기를 기대한다.

천사를 죽였다

 제멋대로 난도질당한 손과 팔이 흉측했다. 선생님 앞에서 꾸지람을 듣는 학생처럼 얼굴을 들지 못한 채 애꿎은 반창고만 만지작거리는 김지석의 모습에 나도 마땅한 말을 찾지 못했다. "왜 그랬어요?"라는 질문이 의미가 있을까? 이 질문에 적절한 대답을 할 수 있기나 할까?

 할 말이 너무 많아서, 그러나 아무 말도 할 수가 없어서 입을 떼지 못하고 있던 나는 테이블 위에 놓인 커피가 다 식고 나서야 겨우 한마디를 건넸다.

 "많이 힘들어요?"

 "……."

떨리는 입술이 보이는가 싶더니 김지석의 목이 더 깊이 땅으로 내려앉았다. 곧 어깨가 들썩이고, 작게 흐느끼던 김지석은 어느새 꺼이꺼이 목 놓아 울어댔다.

10여 일 뒤 다시 만난 김지석은 내게 자신의 행동을 뉘우친다고 이야기했다.

"피 맛을 보고 싶었어요. 바닥에 피가 튀는 것을 보면서 살아 있다는 것을 느낄 수가 있었어요. 살인 도구였던 제 손을 이렇게라도 처벌할 수 있어서 다행이라는 생각이 들었어요. 흐흐."

"그래요…… 김지석 님……. 그 순간 얼마나 고통스러웠을지 짐작이 돼요. 그런데 이러다가 김지석 님이 정말 크게 다칠까봐 걱정이 되기도 해요."

"걱정 끼쳐드려서 죄송해요. 이젠 정말 다시는 그러지 않을게요."

김지석의 자해 행동은 횟수가 거듭될수록 잔인해지고 있었다. 죽으려는 것은 아니었다. 다만 견딜 수 없이 폭발하는 감정으로부터 스스로를 구원하기 위해 선택한 방법이 자신을 파괴하고 있을 뿐이었다.

그리고 그로부터 다시 일주일 뒤…….

"요즘은 제가 살아 있다는 것에 너무 감사하게 돼요. 비록 교도소 안이지만 높고 청량한 가을 하늘을 볼 수 있다는 것이 행복하고, 고기가 두 점밖에 없는 갈비탕이지만 끼니 걱정 없이 먹을 수 있음이 고맙고, 좁은 운동장에서의 짧은 시간이지만 건강한 육체를 가지고 걸을 수 있다는 것에 벅차올라요."

이제 김지석의 기분은 좋아져 있었다. 자해 행동을 멈추는 것에 대하여 본격적인 이야기를 하기로 한 날이었다. 하지만 통제하기 힘든 불안과 우울이 한바탕 지나가고 새로운 힘이 생긴 그는 자해 따위를 입에 올리고 싶어 하지 않았다. 그 대신 세상이 자신에게 얼마나 우호적인지를 찬양했다.

> 김지석은 이십 대 후반에 양극성 정동장애라는 진단을 받았다. 우울증을 앓고 지내던 어느 날 갑자기 병이 다 나은 듯했다. 기분이 좋아졌고 무기력하던 몸과 마음에 생기가 스며들었다. 화장실 변기에 던져버린 우울증 약이 물에 휩쓸려 내려가면서 어두웠던 지난 삶도 함께 떠내려간 것 같았다. 부모님께 부담이 되고 싶지 않았던 그는 중단했던 학업을 재개하면서 일자리도 함께 알아봤다. 순조로웠다. 사흘 만에 아르바이트 자리가 구해졌고 사교적이고 적극적인 자신에게 사람들은 호의적이었다. 같은 곳에서 일을 하게 된 정아라는 이

름의 여자는 김지석에게 인간적인 호의를 넘어선 이성적인 관심을 가지고 있는 것이 분명했다. 망설일 이유가 없었다. 교대 근무로 시간이 맞지 않았던 김지석은 그녀의 일이 끝나길 기다렸다.

"이제 일 끝났어요? 오늘도 많이 힘들었죠?!"

"앗! 깜짝이야! 뭐예요?! 놀랐잖아요!"

"아…… 놀라셨구나……. 죄송해요. 한 시간 전부터 여기서 기다렸어요."

"저를요? 왜요?"

"할 이야기가 있어서요."

놀란 토끼 눈을 하고 시침 떼는 그녀가 귀여워 저절로 미소가 지어졌다.

"갑자기……? 저 바로 집에 들어가봐야 해요."

"어! 저 한 시간이나 기다렸는데…….."

"저랑 약속한 것도 아니잖아요."

"에이~ 왜 이러세요. 정아 씨 마음 다 아는데……."

"네? 무슨 마음이요?"

"그럼 여기서 이야기하죠…… 뭐……."

김지석은 '음음……' 하고 목소리를 가다듬었다.

"정아 씨, 저도 정아 씨와 같은 마음이에요."

"뭐라고요?"

"저도 정아 씨가 좋다고요. 우리 한번 만나보는 건 어떨까요?"

"무슨 소리예요? 저는 김지석 씨 안 좋아해요!"

고백이 성급했던 것일까? 방법이 서툴렀을까? 사랑을 시작해보려 했던 그 자리에서 뜻하지 않은 실랑이가 벌어졌다.

얼마간의 시간이 지났을까. 그는 어느새 성폭력과 살인을 저지른 범죄자가 되어 있었다.

▨

    김지석과 내가 만난 2년여의 시간 중 그는 대부분 우울했다. 기분이 좋아지는 시기가 되어도 과잉행동으로 인한 문제를 일으킬 정도는 아니었다. 오히려 우울감에서 회복되는 정도로 보였기에 주변 사람들은 안도했다. 이렇게 기분이 들뜨는 날에는, 죄인의 신분이 자신을 완전히 정의하지 않는다는 사실을 받아들이고 아픈 자기 자신과 화해를 시도했다. 하지만 기분이 가라앉는 날에는, 육체에 상처를 새기며 아슬아슬하게 스스로를 다독였다.

    우울한 김지석은 일관되게 주장했다.

"죄수는 죄수다워야 합니다!"

"죄를 짓고 들어온 주제에 처웃고 있는 인간들을 보면 역겹습니다!"

"죄인들에게 인권이라는 것이 어디 있습니까! 선한 국민들의 세금으로 이렇게 먹여주고 재워주는 것만으로도 감지덕지해야죠!"

"제가 힘든 거요? 그래도 저는 살아 있잖아요. 가족들을 걱정하는 저를 깨달을 때마다 저는 또다시 죄를 짓는 기분입니다. 피해자 가족들이 어떤 마음으로 살아가고 있을지 짐작이 되니까요!"

"끔찍한 범행을 저지른 뉴스를 보고 있으면 '인간이 어떻게 저럴 수가 있나' 싶은 환멸이 느껴져요. 혹시나 내 가족이 당하게 되지는 않을지 걱정도 돼요. 제가 저지른 불효만으로도 충분히 힘든 삶을 살고 있는 부모님과 형에게 더 이상의 어려움은 없었으면 좋겠어요. 성폭행을 저지르고 사람을 죽인 제가 이런 말을 할 자격이 없다는 건 잘 알아요. 뉴스에 나오는 인간이나 저는 그래서 쓰레기인 거예요."

김지석은 또 다른 감옥에 자신을 가둔 채 스스로 더 많은 자유를 제한하고 통제했다. 그에게는 기뻐할 자유도, 슬퍼할 자유도, 사랑하는 가족을 걱정할 자유도 허락되지 않았다. 가족이 다달이 보내주는 보관금(영치금)의 잔고가 아무리 차올라도 죄수인 그는 스스로 간식을 사 먹는 것까지 엄격하게 제한

했다. 최소한의 생필품을 구매하는 데만 돈을 사용하며 한겨울 추운 날씨에 몸이 덜덜 떨려와도 내의를 구매하지 않았다.

스스로에게 내리는 형벌은 그것에만 그치지 않았다. 자신의 몸에 상처를 주었다. 다만 그 와중에 직원들에게 짐이 될 것을 염려해 생명의 한계선을 넘지는 않았다. 자신의 죽음 때문에 직원들이 애꿎은 추궁을 당하는 일은 없어야 했다.

나는 김지석에게 죄와 자신의 존재를 분리하고 더 이상 몸에 흠집을 새기지 않도록 당부했다. 하지만 그 말은 김지석이 어깨에 짊어진 삶의 무게를 덜어주지 못한 채 공허하게 허공만 떠돌 뿐이었다.

"김지석 님, 죄는 미워하되 사람은 미워하지 말라는 말도 있잖아요."

"사람이 죄를 지었는데 어떻게 그 사람을 미워하지 않을 수가 있어요? 그 말은 이상에 불과해요."

"그 사람까지 미워하는 건 또 다른 죄를 낳기 때문이에요. 자신이 한 행동에 대해 반성하는 것과 나 자신을 미워하는 것은 완전히 다른 문제죠. 저는 김지석 님의 죄를 옹호할 생각이 절대 없어요. 다만 자신을 사랑하지 못하는 것은 별개의 문제예요. 김지석 님뿐만 아니라 이곳에 모인 많은 사람들의 범죄 동기가 '그 사람이 나를 무시해서'라는 거예요. 그런데 자신을 가장 무시한 사람은 피해자가 아닌 바로 그들 자신이죠. 결국 자기 자신을 사랑하지 못하면 타인의 사랑도 느낄 수 없어요. 세상에 대한 억울함만 가득 차게 되어 있지요. 그리고 그 억울함과 원망은 또다시 세상이나 자신을 향한 공격으로 나타날 겁니다."

고백하자면 '죄는 미워하되 사람은 미워하지 말라'는 말을 나 자신도 아주 조금 이해할 것 같을 뿐이다. 죄를 짓는 순간 그 사람의 모든 정체성은 사라지고 오로지 '범죄자'라는 낙인만 남는다. 누군가의 아들이고, 직장 동료이고, 친구라는 역할은 범죄자의 부모, 범죄자가 소속되었던 직장, 범죄자의 친구에게 파장을 일으키며, 주변인까지 사회에서 배제시킨다. 김지석이라는 존재의 본질은 '악마'라는 단어로 대체되었고, 할 수만 있다면 악마는 처벌되어야 마땅했다.

김지석은 여전히 자신에게 남아 있는 천사의 모습을 완강히 부정한다. 악마와 천사의 어느 중간 지점쯤에 있을 회색 지대도 부정한다.

"어쩌면 저에게 정신병이 찾아온 순간부터 제 인생의 시나리오는 정해져 있었던 것인지도 몰라요. 제 안에 도사리고 있던 악마가 정신질환이라는 도구를 사용해서 행동한 거죠."

김지석의 입에서 정신질환이 악마의 도구가 되었다는 말이

나오는 순간, 내 안에서 무언가 꺾이고 부서지는 기분이 들었다. 공들여 쌓아 올린 무언가가 무너지는 것 같은 느낌. 그의 고백은 우리 모두를 향한 탄원처럼 들렸다. 그는 마치 자신 안의 악마를 넘어, 우리가 만든 악마와 싸우고 있는 듯했다. 내가 공을 들인 무언가는 정신질환에 대한 사회의 깊은 오해를 김지석이 받아들이지 않도록 하는 것이었다. 하지만 김지석은 그 오해를 그의 영혼에 오롯이 담고 있었다.

사건이 일어나기 얼마 전까지 우울감이 주된 증상이었던 김지석은 사람들의 동정을 받는 일도 곧잘 있었다. 하지만 그날 이후 세상은 그를 미쳤다고 했다. 누구에게나 있는 감정의 기복이 그에게는 조금 과했을 뿐인데, 그것이 정신질환의 일종이라고 했다. 정체도 모르는 그것이 자신과 피해자와 그 가족의 인생까지 망쳐버렸다고 생각하니 악마의 손아귀에 사로잡힌 것만 같았다. 그것은 그의 생각과 감정을 옴짝달싹 못 하게 꽁꽁 옭아매고 있었다.

저주는 그것으로 끝나지 않았다. 정신질환자를 마녀로 몰아 화형까지 서슴지 않던 중세시대의 흑역사가 21세기에도 잔존하고 있었다. 차별적이고 냉담한 사회의 시선은 중세의 화형처럼 김지석을 처형했다. 당사자인 그 자신도 처형에 가담했다. 질환의 사슬이 그를 묶고 있는 한 언제든지 터질 수 있는 폭탄 같은 잠재적 범죄자라는 오해가 깊은 두려움과 무력감을 불러일으켰다. 정신장애자의 범죄율은 전체 범죄 중 0.3~0.7퍼센트로, 일반인 범죄 비율보다 낮다는 통계에는 아무도 관심을 두지 않았다.

"미쳤어!"

"미치지 않고야 어떻게 저래?!"

"어휴, 미친놈!"

체포 당시 현장에서 들려오던 야유의 목소리만이 김지석의 영혼에 깊이 돌을새김되었다.

"미치지 않고서는 할 수 없는 행동…… 결국 나는 미친놈…… 미치지만 않았더라도……"

나는 자신을 향한 김지석의 원망을 범죄자의 변명으로만 치부할 수 없었다. 우리가 쉽게 내뱉는 '미쳤다'라는 한마디가 내포한 폭력성과 정신질환에 대한 무지와 무관심을 꼬집는 고발 같았다.

정신질환 범죄의 가능성을 언급하며 사람들의 이목을 끌었다가 어느 순간 세상의 관심에서 멀어지기를 반복하는 사회적 현상은 정신질환에 대한 오해를 심각하게 부추긴다. 우리 사회는 수많은 김지석을 악마로 만들고 공동체라는 테두리에서 지워버리기를 반복한다. 그리고 김지석은 한 사람의 정체성을 송두리째 부정하고 인간성마저 지워버리는 손쉬운 비난의 말을 기억하며 자신을 벌하기를 멈추지 않는다.

   그날 김지석은 피해자와 함께 그의 안에 있는 천사도 함께 죽였다.

아프지만
아프지 않은 사람들

교육생 A 제 몸 안에는 가족들이 살고 있습니다. 처음에는 제가 죽인 아내와 딸만 살았었는데, 시간이 지나면서 돌아가신 부모님까지 같이 모시게 되었습니다. 가족은 제 입을 통해서 말을 합니다. 나는 그 말을 듣기만 했었지요. 그런데 어느 날 같은 방 수용자가 혼잣말하는 모습을 보면서 '앗! 나도 가족들과 대화할 수 있겠는데~'라는 생각이 들었습니다. 실제로 해보니깐 이야기가 되더라고요. 하하! 얼마나 기뻤던지······. 그 이후로는 수시로 가족들과 만나게 되었습니다. 주로 안부를 묻거나 응원하는 내용이 많습니다. 몸은 교도소에 있지만, 가족들이 늘 함께 있어서 외롭지 않고 힘이 됩니다. 제가 가진 특별한 능력 때문에 이런 일이 가능한 것인데, 만약 이것이 착각이라면 너무 허무할 것 같습니다.

교육생 B 제가 계속 웃는 이유요? 사실, 제 귀에 대고 늘 뭐라고 속삭이는 사람이 있는데, 그 말이 조금 민망하거든요. 무슨 말이냐면…… 음…… 제가 잘생겼대요……. 풋!

교육생 C 제가 여기 들어와 있는 이유를 선생님도 아실 거라 생각했는데, 모르신다니 설명해드릴게요. YG엔터테인먼트 아시죠? 옛날에 '서태지와 아이들' 활동했던 양현석이 운영하던 회사요. 제가 그 회사를 인수하려고 YG 주식을 마구 사들였거든요. 양현석 대표가 그걸 알고선 겁을 먹었는지, 저한테 말도 안 되는 누명을 씌워서 여기 보낸 거잖아요. 그런데 걱정은 안 해요. 제가 사업을 크게 하다 보니 정계에 모르는 사람이 없거든요. 박근혜 전 대통령 변호사 아시죠? 유영하 변호사. 일단 그 사람 좀 부르려고요. 제가 투자하고 있는 로펌들이 많기는 한데 유영하는 보수 쪽 사람들을 움직일 수 있어서요. 양현석이 사람 잘못 건드린 거죠. 흐흐…….

교육생 D 무기징역을 받았지만, 가석방으로 일찍 나갈 거예요. 출소해서 30년 정도는 가족들과 살아봐야죠. 그러려면 여기서 건강관리도 잘해야 되고, 수용 생활도 모범적으로 해야 해요. 그렇게 지내고

| 있으면, 형기보다 일찍 빼준다고 텔레파시로 전달받았어요.

운전을 하다가, 길을 걷다가, 청소를 하다가…… 문득문득 이들이 내뱉은 말 조각들이 떠오르면 나는 또 하염없이 상념에 잠긴다.

'어쩌면 이런 정신병을 앓는 건 행복일지도 몰라……'

이 병의 심각함을 잊은 채 부러운 마음이 스멀스멀 올라오려는 찰나, 이번에는 안타까운 마음이 고개를 내민다.

'오죽 힘들었으면……'

그러다 피해자들 생각에 화들짝 놀란다.

'피해자는? 피해자들의 고통은 죽는 날까지 이어질지도 모르는데, 저네들은 망상이나 환각 따위에 숨어버린다고?'

◇

교육생 A가 가족을 살해한 방법은 참으로 잔인했다. 쿵쿵 뛰는 가슴을 진정시켜가며 읽어 내려간 사건 개요는 대략 다음과 같은 내용을 담고 있었다.

남편이 휘두르는 칼에 난도질을 당한 아내, 아빠의 손에 흐르는 엄마의 피를 생생하게 눈에 담은 채 본능적으로 도망치던 아이들, 하지만 고작 대여섯 살의 어린 몸들이 성인 남자가 들고 오는 망치를 피하는 것은 불가능했을 그 순간.

스무 줄 가량의 사건 기록은 현장의 공포감을 지나치리만치 생생하게 되살려내고 있었다. 그러나 기록 속 가해자는 그 어디에도 없었다. 가족이 인생에서 가장 소중한 가치라고 말하고 있는 내 눈앞의 A는 그 사건과 아무런 상관이 없어 보였기 때문이다. 그저 다정하고 자상한 한 가정의 가장이 내뱉는 그 말을 들으며 나는 생각했다.

'그렇게 믿지 않고는 남은 삶을 살아낼 자신이 없군요.'

그런데……

'가족들도 당신 안에서 살고 싶을까요?'

교육생 B의 환청 내용을 들은 사람들은 하나같이 입을 모아 말했다.

"자기가 잘생긴 걸 본인도 아네요!"

음…… 영화배우 원빈에 비유하면 짐작이 될까? 예쁜 잘생김이 아닌, 멋진 잘생김! B의 외모는 그랬다.

프로그램실의 한 모퉁이가 자신이 드나들 수 있는 유일한 세상인 양, 늘 그곳에서 몸을 웅크리고 앉아 있던 그는 사람들과 어울리는 법이 없었다. 살인자라는 죄명이 도저히 어울리지 않을 만큼 순수한 눈빛은 맹수의 먹잇감이 된 사슴의 눈망울처럼 세상을 두려워하고 있었다.

어린 시절 내내 그를 괴롭혔던 따돌림과 폭력은 B를 피해자로 인정해주지 않았다. 오히려 '못난 놈' '멍청한 놈'이라는 수식어를 달아주었다. 그 말을 고스란히 내재화하여 스스로도 '못난 놈'이라고 규정해버리는 와중에 '잘생김'이라는 것은 비난이 침범할 수 없는 유일한 영역이었다.

B의 딱한 사정을 아는 이들은 그에게 환청의 위로가 끊어지지 않기를 바랐다. 그의 웃는 모습을 보는 것은 우리에게도 위로가 되었으니까.

하지만 그런 우리에게 피해자와 가족은 묻는다.

"그의 웃는 모습이 우리에게도 위로가 될까요?"

노숙자였던 C. 사업가다운 멋진 모습의 C를 상상했다면, 그의 실물을 접하기 전 마음의 준비가 필요할 것이다. 덥수룩하게 자라난 수염, 아무렇게나 헝클어진 머리카락에서 떨어진

어깨 위 비듬, 입가에 번져 있는 빨간 양념의 흔적, 기상 후 세수도 하지 않았다는 사실을 고스란히 드러내는 눈곱, 여전히 노숙의 흔적을 품고 있는 듯 누런 때가 찌든 하늘색 죄수복.

  길 가는 행인을 대상으로 저지른 성범죄를 조작된 누명으로 바꾼 C에게 죄의식이 있을 리 만무하다. 돈과 권력에 의해 모든 것이 허용된 자신의 왕국에서 그가 지을 수 있는 죄는 애초에 존재하지 않았다.

  "당신이 벌였던 거창한 사업은 이미 망한 지 오래입니다. 지금 이곳에서 나가면 당신을 기다리는 것은 추위와 배고픔뿐입니다. 가족도 버린 당신을 마중하는 것은 피해자의 사무치는 증오밖에 없습니다."

  ……이런 말은 굳이 하지 않기로 한다. 그에게 현실 직시는 너무나 잔인하다.

  반면 칠십이 넘은 나이에 받은 10년이라는 형기는 그를 다시 길거리로 돌려보낼 가능성이 매우 적다. 즉 더 이상의 피해자는 없을 것이라는 뜻이다. 자신이 아프다는 것을 인지하지 못하는 환자에게 굳이 고통을 일깨워줄 필요는 없다. 나의 침묵은 어쩌면 그의 행복한 죽음을 도울 것이다. 그 대신 나는 함구의 대가로 피해자와 그 가족의 원망을 시시때때로 상상하게 될 것이다.

"적어도, 적어도 자기가 저지른 더러운 짓에 가슴을 치게는 만들었어야죠!"

⌗

살인을 저지른 교육생 D의 유일한 소원은 노모와 함께 사는 것이다. 이미 너무 나이 들어버린 어머니가 자신이 출소하기 전에 돌아가실까 봐 D는 늘 노심초사했다.

아직 꼬마였던 D는 아버지의 무자비한 폭력 앞에서 어머니를 지켜주지 못했다. 맞고 있는 어머니를 뒤로하고 도망쳤던 어떤 날들의 기억은 그를 두고두고 괴롭혔다. 다행히 몸이 자라면서 발견한 싸움의 재능은 그를 무력감에서 구원해주었다. 그때부터 D는 '내 사람'을 괴롭히는 인간들을 '정의롭게' 처벌하기 시작했다. 하지만 국가로부터 권한을 부여받지 못한 그의 처벌은 그에게 무기징역이라는 처벌을 되돌려주었다.

의리가 목숨처럼 중요한 D는 교도소에서도 '내 사람'을 만들었고, 그들을 지키기 위한 '정당한' 폭력은 지속되었다. 그러는 중에도 어머니에게 보내는 편지는 잊지 않았던 어느 날 처음으로 어머니의 답장을 받았다.

삐뚤삐뚤 꾹꾹 눌러쓴 단 한 줄.

| "언제쯤이면 네 얼굴을 볼 수 있니?"

어머니의 편지를 손에 든 D는 목청이 쉴 때까지 꺼이꺼이 울어댔다. 자신의 부재가 어머니를 힘들게 한다는 것이 견딜 수가 없었다. 너무 울어서인지 머리가 아프다고 느끼던 찰나 갑자기 온몸이 감전되듯이 저려왔다. 이것은 그에게 텔레파시가 전달되기 전에 나타나는 징후였다. 가만히 신경을 곤두세우고 신호를 분석하기 위해 집중했다.

| "모든 폭력을 멈추고 모범수가 되면 10년 뒤에 가석방시켜줄게."

법보다 더 전능한 텔레파시가 보내온 메시지는 매우 고무적이었다.

D는 변하기 시작했다. 툭하면 뻗어 나오던 주먹을 잠재우기 위해 갖은 노력을 했고, 몸이 불편한 동료들을 도왔으며, 보관금이 없는 사람들과는 간식을 나누었다. 텔레파시가 D에게 긍정적인 변화를 가져다주고 있었다. 나는 더 이상 그에게 "텔레파시 같은 헛소리 그만하세요!"라고 하지 않기로 했다.

D는 어서 이곳에서 나가 어머니와 함께할 소망을 품었다. 다만 D의 손에 자신의 어머니를 잃은 피해자가 그 소망을 용

납할지는 모를 일이다.

　제멋대로 뻗어나가는 생각들이 갈 길을 잃었다. 내가 상대하고 있는 대상이 정신질환자인지, 범죄자인지, 아니면 한 번도 본 적 없지만 늘 존재하고 있던 피해자인지……. '환자'이지만 '범죄자'이기에 그들의 뒤편에 서 있는 피해자를 느끼지 않을 수 없고, 불특정 다수의 고통에 대하여 생각하지 않을 수 없다. '재범 예방'이라는 거창한 상담 목표는 이런 혼란스러움을 매우 효과적으로 정리해주지만, A와 B 그리고 C와 D 같은 경우에 대해서는 그 실력을 발휘하지 못했다. 무기징역과 그에 가까운 형을 받아 다시 범죄를 저지를 기회를 박탈당한 죄인들을 상대로 마냥 '치료가 곧 사회 안전이다'라는 주문을 외울 수는 없는 노릇이므로.

　어디선가 본, '죄의 반대말은 속죄'라는 문구가 피해자들의 외침이 되어 내 등을 떠미는 것 같다. 이에 부합하기 위해서는 자신의 병증을 정확하게 인식하도록 하는 작업이 선행되어야겠지만, '병식(자신이 병에 걸려 있다는 자각과 인식)'이라는 것을 통해 이들을 처벌할 권리 또한 나에게 부여되지 않았다는 것을 다시 한 번 상기한다. 좀 더 솔직해지자면, 이들에게 간신히 허락된 평화를 깨뜨릴 용기가 나에게는 없다.

자신의 병을 자각할수록 자살 위험이 높아진다는 일부 연구 결과를 감당할 수 있는 깜냥은 되지 않는다. 병원이 아닌 감옥인 이곳에서는 위기에 처한 환자를 도와줄 여력이 턱없이 부족하기만 하다. 병에 대한 인식만 심어주고 대책 없이 떠난 뒷자리를 책임져야 하는 근무자들이 겪을 부담도, 부족한 의료진과 치료 장비로 응급 상황을 맞닥뜨려야 하는 환자와 가족도, 그 뒤 이어질 행정적 절차와 분쟁도 나에게는 버거운 일이다.

결국 '잔류 증상을 잘 관리하여 일상생활에 무리가 없도록 하는 것'을 목표로 삼고 이들의 각본에 토를 달지 않기로 한다. 그러기 위해 나 자신이 가해자와 동조하고 있다는 기분은 잠시 외면하기로 한다.

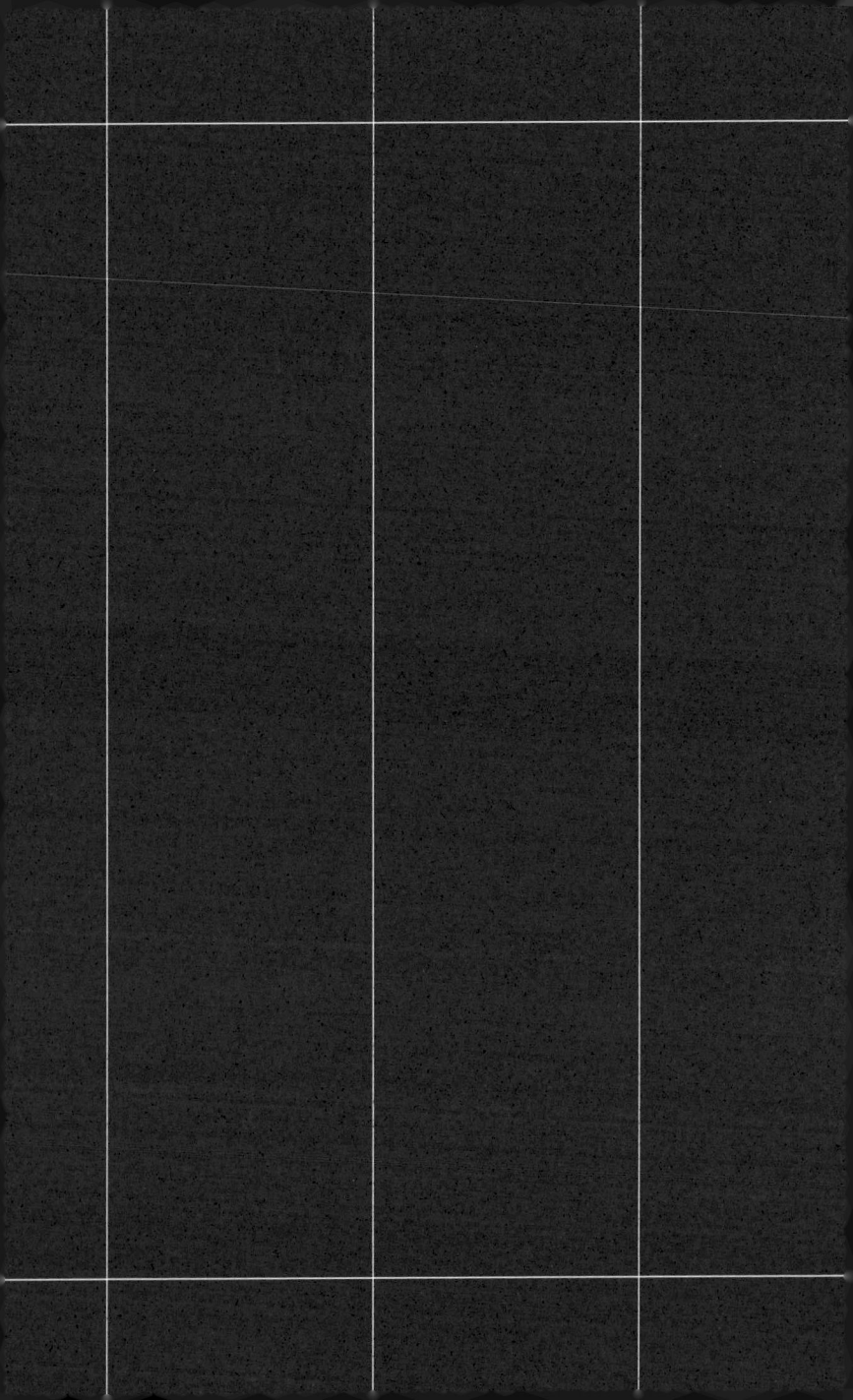

PART 2

보이지 않는 경계

얼굴 없는 미녀

 배주영의 등장은 당혹스러움을 넘어서서 기괴스러웠다. 과연 저 푸르스름한 죄수복 속에 육체라는 것이 들어 있을까 싶을 정도로 깡마른 몸과, 바닥에서 발바닥을 떼지 않고도 걸음을 옮길 수 있다고 믿게 만들 만큼 힘없이 미끄러지는 듯한 걸음걸이도 그랬지만, 나를 당황케 한 결정적 이유는 머리카락이었다.

 배주영은 허리 정도까지 내려오는 길이의 기다란 머리카락을 모두 앞으로 빗어 넘겨 얼굴을 가리고 있었다. 그렇다고 처녀 귀신들의 헤어스타일과도 조금 달랐던 것이, 긴 옆머리가 커튼처럼 얼굴에 드리워진 게 아니라, 머리카락 전체를 앞머리화한 상태였기 때문이다.

이런 배주영의 모습은 교도소 안의 상담실과도 잘 어우러져 언뜻 섬찟한 분위기마저 자아냈다. 사실 교도소 상담실이라는 곳이 그리 아늑하고 쾌적한 공간은 아니다. 애초에 상담을 목적으로 지은 것도 아니고, 필요에 따라 상담실이 되기도 하고, 진료실이 되기도 하고, 신체를 검사하는 검신실이 되기도 하는 곳이다. 심지어 유난히 비가 많이 왔던 그해 여름에는 빗물이 새는 것을 수리하기 위해 천장의 일부를 뜯어놓은 상태였고, 바닥에는 빨간 고무 대야가 놓여 있었다. 얼굴 전체를 머리카락으로 가린 배주영이 넘어질세라 나는 얼른 일어나 그녀가 앉아야 할 자리까지 안전하게 안내했다. 반사적으로 한 행동이지만, 함께 걸음을 옮기는 동안에도 어안이 벙벙할 뿐이었다.

강렬한 첫인상을 선물한 배주영과 나는 함께 마주 앉았다. 당황스러움으로 머무적거리던 나는 이내 유연하게 미소를 띠며 대화의 물꼬를 텄다. 가벼운 인사를 건넨 뒤, 얼굴을 보여줄 수 있냐고 조심스레 요청했지만, 그녀는 침묵으로 거부 의사를 밝힐 뿐이었다. 첫 대면에 강제로 머리카락을 넘길 수는 없는 노릇이니, 다른 대화를 진행하면서 소위 '신뢰 관계'라는 것을 구축하는 데 우선적인 초점을 두어야 했다.

상담 초반에 이루어지는 신뢰 관계 형성은 상담의 성공을 좌우한다. 안전감을 느낄 수 없는 상대 앞에서 나를 노출할 수는 없는 법이다. 마찬가지로 마음의 옷을 벗기 위해서 우리는, '이 사람 앞에서는 내 감정과 생각을 있는 그대로 드러내도 되겠구나'라는 믿음을 가질 수 있어야 한다. 행인의 옷을 벗기는 것이 강한 바람이 아닌 따뜻한 햇볕인 것처럼 말이다. 배주영의 얼굴을 드러내는 열쇠 역시 강압적인 요구가 아닌 진실한 대화와 공감적 이해, 조건 없는 수용에 있을 것이었다.

그렇게 그녀의 침묵을 존중하고 수용하며 1회기의 상담을 마치고 사무실로 올라온 나는 제일 먼저 배주영의 수용 기록 카드를 열었다. 그곳에서 자신의 수번(수용번호)을 무표정하게 들고 있는 사진을 통해 그녀의 생김새를 확인할 수 있었다. 예쁜 얼굴이지만 뭔가 텅 빈 것 같은 공허한 눈빛……. 화면 속 그녀에게서 눈을 떼지 못하고 한참 동안 바라보았다. 구속되면서 찍은 사진에 '기쁨'이 담겨 있을 리 만무하지만, 다른 수용자들에게서 보이는 살기殺氣나 교활함, 슬픔 등의 감정도 느껴지지 않았다. 읽히지 않는 그녀의 표정은 내게 이유 모를 슬픔을 가져다주었다. 한참을 뚫어져라 사진 속 얼굴에 빠져들던 나는 누군가가 부르는 소리에 현실로 돌아왔고 그 슬픔은 자연스레 잊히고 말았다.

별다를 것 없이 되풀이되는 교도소 안의 일상적 업무 속에서 배주영과의 상담은 거듭 이어지고 있었다. 거의 일방적인 질문과 침묵, 짧은 대답들이 오가는 3회기의 상담이 끝나고 어느덧 4회기가 되었을 때였다.

"잘 지내셨어요? 요즘 날씨가 많이 덥던데 힘들지는 않으세요? 선생님 만나는 날을 기다리고 있었어요."

놀랍게도 그녀가 먼저 말을 건네오기 시작했다. 나의 안부를 물음과 동시에 반가움까지 표현해주는 환대(?)에 나는 그동안의 짝사랑을 보상받는 기분까지 들었다. 하지만 그녀가 진지하게 꺼낸 뒷말은 적이 당혹스러웠다.

"······제 왼쪽 얼굴이 흘러내려요······."

"······."

"머릿속이 회전하면서 얼굴 전체를 흘러내리게 만들어요. 콧등도 점점 왼쪽으로 쏠리면서 비대칭이 되고 있고요. 이대로 가다가는 코가 귀밑으로 가버릴 거예요. 제 귀에서는 '예쁜 것은 권력이다'라는 소리가 자주 들려요. 저도 성공하고 싶어요. 얼굴이 계속 변하고 있어서 빨리 수술해야 하는데 이렇게 갇혀 있으니 미쳐버릴 거 같아요······."

나중에야 살펴본 배주영의 의료 기록에 따르면, 그녀는 '신체이형장애' 의증(疑症)을 가지고 있었다. 이 질환은 배주영이 꽤 어릴 때부터 시작되었던 것으로 보인다. 중학교 때 이미 성형수술을 시작한 그녀는 스물여덟 살이 된 지금까지 총 다섯 차례 수술을 진행했다. 신체이형장애의 원인에는 유전과 환경, 사회·심리적 요인 등 여러 가지가 복합적으로 얽혀 있다고 추정된다. 또 최근에는 세로토닌이라고 하는 신경전달물질, 시각 자극을 처리하는 뇌 영역의 이상 등이 원인으로 언급되기도 한다.

어릴 적 배주영은 엄마에게 '마음만큼 얼굴도 가꿔야 한다'는 가르침을 수없이 들어왔고, 어린 딸에게 여러 차례 성형수술을 시켜준 사실로 미루어보면, 어머니의 가치관이 그녀의 정체성 확립에 적지 않은 영향을 미친 것도 같았다. 게다가 배주영의 말에 따르면, 어머니는 굉장한 미인일 뿐만 아니라 당신 나이보다 스무 살은 어려 보이는 동안이고, 가족 앞에서도 결코 흐트러진 모습을 보인 적이 없었다. 배주영이 그런 어머니의 기준에 부합하기란 꽤 어려웠을 것이다. 심지어 구속된 지금도 배주영은 노력의 끈을 놓지 않고 있었다. 그녀는 출소하자마자 세계적인 성형 시장인 브라질로 갈 것이라며 포르투갈어를 공부했다. 혹여라도 CCTV에 자신의 얼굴이 보일

세라 카메라를 등지고 앉은 채로…….

배주영의 이야기를 듣고 있자면 가끔 '선풍기 아줌마'로 이슈가 되었던 한혜경 씨가 떠올랐다. 한 씨도 환청으로 인해 더욱 고통스러운 시간을 보냈던 것으로 알려져 있다. 첫 성형수술 이후 수차례 불법 성형시술을 받다가 결국 스스로 자신의 얼굴에 기름을 주입한 그녀에게는 "참기름을 넣어 주사기를 꽂아라"라는 환청이 들렸다고 한다. "예쁜 것은 권력이다"라는 속삭임에 세뇌당한 배주영의 괴로움이 오버랩되는 지점이다. 외모에 대한 사회문화적 관점의 내면화는 이런 비통한 병을 생산하는 데 그치지 않고 성형중독으로 이어진다.

성형수술에 중독된 사람들은 불안과 강박행동을 치료하기 위해 정신과가 아닌, 성형외과나 피부과를 찾는다. 하지만 외과적인 시술이 제공하는 불안 완화 효과는 그리 오래가지 못한다. 얼마 되지 않아 마음을 불편하게 하는 또 다른 곳이 보이거나 같은 부위에 다시 똑같은 결함이 생기는 것 같은 생각이 들기 때문이다.

배주영도 마찬가지였다. 미용수술이 가져다주는 마음의 평안은 한시적이었다. 깨진 거울은 완벽한 외모를 가꾸려는 시도를 매번 무너뜨렸다. 급기야 세 번째 코 수술을 한 뒤에는 결과가 만족스럽지 않다는 이유로 병원에 찾아가 난동을 부리는 일이 잦았고, 의사를 폭행하기까지에 이르렀다. 그 탓에 배주영과 나는 이곳 교도소 상담실에서 만나게 된 것이다.

나의 업무인 심리상담을 통해 이런 증상으로부터 배주영을 완전히 해방해줄 수 있다면 그녀도 나도 행복할 터였다. 하지만 그런 드라마틱한 변화를 끌어내기에는 그녀의 증상이 이미 만성화되었고, 신체적 결함을 의심하는 수준이 아닌 망상적 믿음에 이르러 외모를 지적하는 환청까지 들리는 상태였다.

신체이형장애의 경우, 약물 치료와 더불어 심리상담, 그중에서도 인지행동치료 접근을 통해서 외모에 대한 왜곡된 시선과 그러한 시선을 야기하는 부정적 사고 패턴 및 행동을 수정하는 과정이 필요하다. 하지만 이 분야의 숙련된 전문가를 찾는 일은 쉽지 않다.

자신의 외모에 심각한 결점이 있다고 여기는 생각에서 출발하여, 그 결함을 다른 사람들이 알아채지 않을까 전전긍긍하게 만드는 이 몹쓸 병은 수치심, 인정중독 등의 단어와 깊은 관련이 있다. 이들은 이상화된 자신에 대한 자기애적 왜곡을 가지고 있는 나르키소스가 아니다. 오히려 이상에 걸맞은 자신이 되기 위한 몸부림으로서 성형을 반복하고 외모에 집착한다. 신체이형장애 환자들이 높은 비율로 자살을 시도한다는 통계가 나올 만큼, 개인에게는 매우 고통스러운 일이기도 하다.

배주영의 수용 기록 카드 속 사진이 유독 슬프게 느껴졌던 사실이 뒤늦게 와닿았다. 나는 그녀를 통해서 신체이형장애 환자의 고통을 조금이나마 마음으로 느낄 수 있었다. 타인의 물질을 탐한 것도, 누군가를 해칠 악한 의도를 품은 것도 아닌, 단지 예뻐지고 싶었던 그녀는 이미 그것을 가지고 있었음에도 깨닫지 못했다. 아마 앞으로도 그 갈망은 채워지지 않을 것이었다.

어쩌면 배주영은 그녀가 원하는 아름다움이 신기루라는 것을 이미 깨닫고 있었는지도 모른다. 그럼에도 포기할 수 없기에 그녀의 눈빛은 슬픔과 체념과 집착을 넘어 공허해져버린 것인지도. 여기에 더해 배주영의 집착 대상이 실은 아름다움이 아닌 어머니의 인정이지 않을까 싶은 나의 짐작은 그녀를 향한 내 마음을 더 애달프게 만든다.

어느 날 배주영은 다른 교도소로 보내졌다. 헤어짐을 준비할 시간을 주지 않는 교도소의 이송 과정은 내 마음에 미련이라는 감정을 더해주었다. 신체이형장애와 관련된 자료를 찾고 가능한 적용 방법을 모색한 뒤 이전보다는 조금 더 자신감을 안고 수용동에 찾아갔지만 이미 그녀는 떠나고 없었다. 배주영의 고통에 응답하려는 내 나름의 노력은 허무한 아쉬움을 남겼고, 부족하다고 느낀 내 능력은 그녀에 대한 미안함만을 남겼다. 배주영의 소식을 접할 길이 없는 나는, 고달픈 그녀의 삶이 속히 구원받기를 기도할 따름이다. 이미 만성화된 병의 진행 상태를 고려한다면 다소 어려운 부탁일지 모르겠으나, 신의 자비와 손길이 가닿는다면 가능할 거라고 결론 내리기로 한다.

어느 살인자의
필연적 이유

그 순간 그의 눈에서 악마를 보았습니다. 그는 초등학교 교사로서 천사인 척 가장하고 살았지만, 딸인 제 앞에서는 그 본성을 완벽하게 감출 수 없었습니다. 사실 저는 어려서부터 그가 악마라는 것을 알고 있었습니다. 사람들에게 친절하고 상냥했으며, 저를 데리고 다니면서 남에게 인사시키는 것을 좋아했던 그는 집에만 오면 다른 사람이 되었습니다. 고작 초등학생이던 제게 손찌검을 했고, 어머니를 윽박질러 저한테 밥을 못 주게 한 날도 있었습니다. 제가 아무리 배고픔을 호소해도 들리지 않는 듯 자기 일만 했습니다. 그런 악마 앞에서 늘 무기력할 뿐 아무것도 하지 못했던 어머니가 원망스러웠지만, 지금은 이해합니다. 어머니도 그런 악마에게 두려움을 느꼈으리라는 건 어쩌면 너무나도 당연합니다.

그날, 운명의 그날……. 그 악마와 단둘이 있게 된 그날……, 저는 신의 계시를 받았습니다.

"저 악마를 해치워라……, 김지민……, 김지민……, 김지민……, 김지민……"

너무나도 선명하게 들리던 그 소리, 그리고 반복적으로 불리는 제 이름……. 일종의 퇴마 의식 같은 것이었죠. 저는 사명감을 품고 그 악마의 배에 칼을 꽂았습니다. 이윽고 칼이 악마의 배를 관통한 순간, 그와 저는 눈이 마주쳤고, 그가 눈빛으로 하는 이야기를 들었습니다.

"고맙다……, 나를 악마로부터 구해줘서 정말 고맙다……"

그렇습니다. 그도 자신의 몸 안에 들어왔던 악마로 인해서 고통스러웠던 것입니다. 이제는 제 아버지였던 그를 위해서라도 더 확실하게 그 의식을 마무리해야 했습니다. 그래서 한 번 더 찔렀죠. 그리고 또다시 저를 응원하는 소리를 들었습니다.

"김지민……, 김지민……, 김지민……"

존속살해로 수감된 내담자 김지민은 자신이 신의 계시를 받아들인 특별한 존재이며, 선택받은 자라고 고백했다. 세상 사람들은 아무도 이렇게 말하는 그녀를 이해하지 못했다. 미친 사람의 헛소리라 치부하며 그녀를 두려워하거나 혐오했다. 누구에게도 이해를 구할 수 없자 이제 그녀 또한 더 이상 남들 앞에서 이런 식으로 속내를 드러내지 않았다. 그 대신 세상의 기준에 맞추어 말하기로 결심했다. '미친 사람' 취급하는 사람들의 반응에는 입을 닫았고, '망상'이라고 지적하는 전문가들에게는 '그렇다'라고 순순히 수긍해주었다. 그게 오히려 속이 편했다. 어차피 다른 사람들은 자신의 세계를 이해하지 못하니까.

나와 상담을 진행할 때도 마찬가지였다. 그녀의 망상을 직면시킨 적이 없었는데도 그녀는 지레 나를 향해 방어벽을 쳤다. 자신의 체험을 상세히 묘사한 2회기 상담 이후 3회기 상담에서 만났을 때, 그녀는 "이전에 제가 했던 말은 다 망상이에요"라며 말문을 열었다.

심각한 분위기 속에서 나눈 지난 이야기들을 모두 무효화하려는 그녀의 말투는 지나치게 가벼웠다. 말투의 무게만큼 지난 고백은 '아무것도 아닌…… 아주 대수롭지 않은 이야기였다'는 것을 온몸으로 강조하듯, 미소를 머금은 표정 또한 한없이 가벼워 보였다. 그러고는 재빠르게 화제를 전환하려 했다. 하지만 그녀가 속에 품고 있는 말은 그녀의 노력을 무위로 돌렸다. 망상과 관련된 한두 가지 추가 질문만 던져도 그녀는 언제 그랬냐는 듯 확신을 가지고 자기 경험을 되풀이 이야기했다.

"제가 아버지를 그 악마로부터 해방해줬어요. 아버지를 위해서 한 일이에요. 아버지도 저에게 고마움을 표현했어요. 그건 신의 명령이었어요."

그렇게 말하는 김지민을 볼 때마다 나는 그녀가 안쓰러웠다. 그런 스토리를 만들어내지 않으면 자아를 위협으로부터 보호할 수 없었을 것이라는 생각이 들었기 때문이다. 간절히 원했던 사랑을 주지 않은 대상을 악마로 만드는 것이 갈증을 해갈하는 그녀의 묘책이었을지도 모르겠다. 그녀에게 자신이 죽인 대상은 '아버지'가 아닌 '악마'여야만 했을 것이다. 그편이 위협적으로 요동치는 죄책감을 덜어내고, 그렇게 자신을 속이는 것만이 스스로를 용납하여 살아갈 수 있는 숨통이 되어주었을 것이다.

'100명 중 1명'이라는 조현병의 유병률을 생각할 때면 김지민 개인에 대한 안쓰러움은 이내 교도소 밖으로 뻗쳐나간다. 그녀처럼 자신만의 주관적인 세상을 살아가는 사람들이 나와 이웃하고 있을 확률은 1퍼센트로, 간단히 생각해봐도 결코 적은 수치가 아니다. 우리나라의 경우 조현병을 앓는 환자 수를 약 50만 명으로 추산하는데, 여기에 더해 그들의 가족까지 포함한다면 약 200만 명이 이 질환으로 인해 남모르게 고통받고 있는 셈이다.

그럼에도 불구하고 조현병 진료 인구가 12만 명에 불과하다는 2023년 건강보험심사평가원의 자료는 '돈은 숨기고 병은 소문내라'라는 속담을 무색하게 만든다. 조현병에 대한 사회적 편견이나 이들을 집 밖으로 잘 나오지 않게 만드는 병의 특성 등이 수치를 감추고 있겠으나, 김지민의 경우처럼 자신이 하는 이야기를 '미친 사람'의 말로 단정하고 귀를 닫아버리는 주변인들의 태도도 여기에 한몫하게 된다.

조현병을 소문낼 수 있는 사회적 분위기가 형성되면 병이 극단으로 치닫도록 방관하는 사태는 일어나지 않을 수 있다. 우리는 김지민이 말할 수 있도록 도와야 한다. 그러기 위해서는 무엇보다 그녀가 거짓말을 하는 게 아니라는 점을 믿어주어야 한다. 허황되다 못해 때로는 기괴하기까지 한 조현병 환자들의 이야기는 실제 경험으로 받아들여지는 주관적 사실에 기반한다. 김지민은 분명히 자신의 이름을 부르며 응원하는 소리를 들었을 것이다. 심지어 그렇게 응원해주는 존재가 '신'

이라고 믿을 만한 나름의 이유도 있었다. 현실에서 경험하지 못한 무조건적 지지를, 그녀는 오직 신의 목소리를 통해서만 얻을 수 있었기 때문이다.

'신'을 등에 업은 김지민은 세상을 피해 달아나는 대신 스스로 세상을 심판했다. 자신을 학대한 부모와 학창 시절의 따돌림과 뭇사람의 비난에 철퇴를 내린 그녀는 이제 패배자가 아닌 승리자였다. 그녀가 신의 계시를 받지 못한 미천한 인간들을 피해 스스로를 방구석으로 고립시키는 일 따위는 없을 것이었다. 그녀의 새로운 아버지이자 신인 성경 속 하나님은 그녀의 머리털까지 다 세고 계실 만큼(마태복음 10장 30절) 깊은 애정을 주시고, 그녀를 지명하여 불러주신 만큼 어떤 상황 속에서도 그녀를 지키고 보호하는 든든한 아버지(이사야 43장 1-2절)이시므로.

◨

단단하고 두터운 마음의 벽이 되어주는 망상의 역할을 여기까지 헤집고 나면 김지민의 영혼이 가여워진다. 슬픔이 깃든 어깨를 가만히 받쳐주고 싶기도 하다. 그러나 망상의 내용 자체에는 쉽사리 동의해줄 수 없다. 그녀의 마음을 얻기 위한 거짓된 동의는 그녀의 병을 더욱 깊게 만들고 결국 우리의 관계를 깨뜨린다. 그렇다고 무작정 반박한다면 그녀는 설득당하기는커녕 자신의 믿음이 옳다는 것을 입증하기 위해 더 많은 근거를 찾으려 할 테고, 이 역시 결과적으로 망상을 강화하는 결과를 낳는다.

망상의 사실 여부를 가리는 것보다 더 중요한 점은 이들이 좌절이나 실패를 설명하기 위해 망상을 사용한다는 사실을 알아차리는 것이다. '이 사람은 왜 이런 망상을 가지게 되었을까?'라고 되물으며 내면의 기제를 이해하기 위해 노력하고, 망상에 대한 집착이 건강한 삶을 방해하고 있음을 지적해주는 편이 더욱 유용하다. 김지민의 경우, 망상이 부친을 향한 애증과 존속살해로 유발된 초자아에 대한 위협을 얼마나 훌륭하게 처리해주었는지에 주목해야 한다. 옳고 그름을 판단하기 위함이 아니라 감정을 헤아리기 위해 그녀의 말을 귀담아들어야 하는 것이다.

물론 그렇다고 하더라도 자신이나 타인을 해칠 우려가 있는 행동에 대해서는 분명한 한계를 설정해주는 것 또한 잊지 말아야 한다. 제아무리 깊은 사연이 숨어 있다 할지라도 타인에게 심각한 피해를 주는 공격적인 행동을 정당화할 수는 없는 법이니까. 또한 그녀의 망상적 사고가 현재의 삶이 행복하고 생산적이라고 받아들이는 데 유익한지 함께 재고해보는 과정도 이어져야 한다. 이런 단계를 통해 그녀에게 현실감을 되찾아줄 수 있다면 아마도 우리의 대화는 성공적이라고 말할 수 있을 법하다.

물론 이런 과정이 말처럼 쉽지는 않겠지만, 비극적인 상황이 또다시 재연될 확률을 단 0.001퍼센트라도 낮추기 위해서는 반드시 계속되어야 할 노력이다. 예측하기 어려운 독특한 사고 과정과 내용을 따라가는 데는 상당한 집중력이 필요하고, 이따금씩 괜한 노력을 들인다는 피로감이 세차게 몰려올 때도 있다. 하지만 이러한 문제는 평범하고 정상적이라고 믿는 나의 시선 안에 이들을 가두지 않는 것만으로 충분히 해결할 수 있다.

정신질환을 대하는 수많은 치료 방법 중 '치료자 요인'이 있다. 이는 치료자의 태도, 성격, 경험, 공감 능력, 기술, 관계 형성 능력 등 치료자의 특성과 행동이 치료 성과에 미치는 영향을 의미한다. 정신분석학에서는 치료자와 환자 사이에 형성된 관계만으로도 부분적인 치료 효과가 나타날 수 있다고 보는데, 이는 곧 치료자가 환자의 세계를 부정하거나 판단하지 않고 함께 걸어가려는 태도에서 비롯된다. 나 역시 그런 치료자이고 싶다. 그래서 오늘도 나는 기꺼이 수많은 김지민의 신발을 신어보려 한다. 상처받은 이들의 이야기에 더 오래 머물기 위해, 그들을 다시 세상과 이어줄 실낱같은 희망의 끈이 되고 싶기에.

떡볶이처럼
아름답습니다

 프로그램실에 들어서는 나에게 누군가가 대뜸 큰 소리로 외쳤다.

 "선생님~!!"

 '누구지?' 하고 둘러보았더니 역시나 오경수였다. 그는 그 당시 진행되던 집단상담의 분위기 메이커인 동시에 나의 비타민이었다. 나는 기분 좋은 미소를 지으며, 그가 자유롭게 발언할 수 있는 기회를 주었다.

 "네, 오경수 님, 말씀하세요."

 "선생님!! 선생님은 떡볶이처럼 아름다우십니다!!"

 나를 포함해 아홉 명이 모여 있던 프로그램실에는 순간 정적이 흘렀지만, 누군가의 킥킥거리는 소리를 시작으로 모두가 큰 소리로 웃기 시작했다. 한바탕 웃음이 터지고 나서야 나도 마음을 가다듬고 오경수에게 그 의미를 물었다.

"떡볶이처럼 아름답다는 건 무슨 뜻일까요?"

오경수는 재차 큰 소리로 웃으면서 이야기했다.

"하하하, 그냥 받아들이세요. 떡볶이가 아름답잖아요. 동의 못 하세요? 떡볶이 안 드셔보셨어요? 내가 살던 동네에 기가 막힌 떡볶이집이 하나 있었는데……"

오경수의 이야기가 '또' 끝을 모르고 이어졌다. 여러 명이 함께 모여서 하는 집단상담이기에 적당한 선에서 적당한 말로 그의 말을 끊고 프로그램의 본론으로 들어가기 위한 분위기를 만들어야 했다. 하지만 다른 사람의 발언 도중에도 수시로 끼어드는 오경수 탓에 진행이 순조롭지 않았다.

오경수의 질환명은 제1형 양극성 정동장애였다. 가벼운 조증과 우울이 번갈아 나타나는 중에 우울의 비중이 더 높은 제2형 양극성 정동장애나, 약한 조증과 우울이 2년 이상 지속되는 순환성 장애와 달리 제1형 양극성 정동장애는 조증과 우울증이 교대로, 또는 조증이 반복적으로 나타나는 장애를 말한다. 오경수는 조증이 나타나는 시기에 감당 못 할 사업을 추진했고, 그에 필요한 사업자금을 조달하는 과정에서 사기를 치고 구속되었다.

기분이 들뜬 조증 상태에서는 자신감이 넘치고, 잠을 자지 않아도 피곤하지 않으며, 생각과 말이 빨라진다. 이와 동시에 사회적 활동이 증가하고, 자기 능력을 넘어선 과소비 등의 증상이 나타날 수 있다. 그리고 바로 이런 증상으로 인하여 개인 간의 다툼이나 법적 문제가 빈번하게 발생하기도 한다.

구속된 지 얼마 되지 않은 오경수가 제대로 된 약발(?)을 받기까지는 다소 시간이 필요했다. 무작정 약의 효과가 나타나기를 기다리면서 수용 거실 안에만 가두어 두기보다는 집단상담에 참여시켜 과하게 분출되는 에너지를 잠시라도 발산하게 해줄 필요가 있었다. 이것은 그 자신은 물론이고, 혹시라도 수용동 안에서 일어날지 모를 불필요한 싸움을 막는 데도 도움을 줄 것이었다.

오경수는 나에게 참 많은 약속을 했다.

"병원을 지어드리겠습니다."

"제가 가진 모든 인맥을 이용해서 고속 승진을 시켜드리겠습니다."

"정신질환자들을 완벽하게 치료할 수 있는 시스템을 만들어가는 중인데, 그곳의 원장이 될 수 있도록 해드리겠습니다."

상상만 해도 기분 좋은 오경수의 약속과 다짐은 나를 미소

짓게 했지만, 그에게 사기를 당한 피해자들을 생각하면 이내 마음이 무거워지기도 했다. 오경수의 범죄 피해자 가운데는 30년 공무원 인생을 마무리하며 받은 퇴직금을 몽땅 날려버린 사람도 있었다. 물론 어떤 돈이든 나름의 사연이 있겠지만, 일시에 노후 자금을 잃어버린 피해자가 어떤 마음으로 하루하루를 버티고 있을지 생각하면, 이곳에서 박장대소하며 웃고 떠들고, 한껏 고양된 기분으로 현재를 즐기는 듯한 오경수를 바라보는 마음 한구석이 편하지 않았다.

여전히 오경수는 자신이 사회에서 진행하려던 사업을 성공시킬 수 있다고 믿으며, 이곳에서도 이런저런 구상을 하느라 바쁘다. 그렇기에 오경수에게 피해자는 피해자가 아니다. 그들에게 약속한 대로 사업을 추진할 것이고, 피해자들이 투자한 돈도 마땅히 돌려줄 결심까지 하고 있기 때문이다. 동시에 그는 자신이 이곳에 들어온 사실을 억울하게 여기지도 않는다. 이 거대한 사업을 이해한다는 것이 평범한 사고 수준을 가진 고소인들에게는 무리이며, 비범한 자신이 넓은 아량으로 그들을 품는 것이 마땅했다.

이런 상태에서 오경수에게 자신이 저지른 범죄를 직면시키려는 노력은 무의미했다. 우선은 드러나는 당장의 문제행동에 초점을 맞추면서 약물 치료가 적절한 효과를 나타낼 때까지 기다려야 하는 것이다. 그리고 오경수가 마침내 이성적인 판단을 할 수 있을 때, 사건에 대한 이야기를 조심스레 꺼내볼 수 있을 것이다.

한편 조증의 시기가 지나고 우울 삽화가 나타나는 것에도 주의하여 관찰할 필요가 있었다. 우울한 기분, 흥미나 즐거움 감소, 식욕 및 체중의 변화, 수면 변화, 의식·흥분·만족과 같은 정신 작용 변화, 피로와 에너지 상실, 집중력 저하와 결정 곤란, 무가치감과 죄책감, 죽음에 대한 생각 등을 보이는 우울증이 나타나면, 자신이 저지른 범죄와 처지를 비관할지도 모르기 때문이다. 이를 위해선 오경수의 약물 복용이 정상적으로 이루어지고 있는지 살피고, 재발을 막기 위한 예방 교육도 필수적으로 병행해야 했다.

◇

안타깝게도 오경수의 기분이 안정되는 것을 보기도 전에 그는 다른 교도소로 이감되었다. 정신질환자들을 분리 수용하는 의료 수용동에서는 입병(입원)과 퇴병(퇴원)이라는 것이 이루어지긴 하지만, 교도소는 궁극적으로 치료기관이 아니기에 치료 경과와 상관없이 이송이 결정되는 경우가 많다.

언제나처럼 예고 없는 교도소의 이송 시스템은 그와 작별 인사 한마디라도 나눌 시간을 허락하지 않았다. 프로그램실에서 홀연히 비어버린 오경수의 빈자리를 향해 안부를 물을 따름이다. 이곳보다 의료적 처우가 미흡한 그곳에서 그의 기분은 제자리를 찾았을지, 지금은 또 누군가에게 떡볶이처럼 아름답다며 칭찬을 주워섬기고 있을지……. 답변으로 돌아오지 않을 숱한 질문만 던지며 나는 여전히 떡볶이를 먹을 때마다 그를 떠올린다. 도대체 떡볶이처럼 아름다운 것이란 무엇인지……. 그게 정말로 칭찬인지 칭찬을 가장한 욕인지 얼핏 헷갈리기도 하지만, 오경수가 떡볶이를 찬양하고 있었으니 적어도 칭찬 쪽이었을 것이라고 믿고 싶다. 그리고 안정된 기분을 회복해 피해자들에게 진심으로 참회하고, 같은 죄를 더 이상 반복하지 않기 위해서라도 그가 꾸준히 치료받을 수 있기를 바란다.

당신의 감정은 옳다

"툭! 쨍그랑!"

그릇이 박살 남과 동시에 시어머니의 악다구니가 시작되었다.

"네가 그 모양이니까 남편이 바람나는 거야! 으이구, 보기 싫어, 진짜!! 나도 이렇게나 보기 싫은데 어느 사내놈이 저걸 견뎌?! 저거 때문에 나까지 내 아들 얼굴 못 본 게 도대체 며칠째야! 어휴, 내 팔자야! 어휴! 어휴!"

시어머니가 내던진 두 개의 그릇 가운데 하나는 그 자리에서 산산조각이 나버렸고, 나머지 하나는 떼구루루 구르다가 내 발에 닿아서야 멈춰 선다. 발에 닿은 그릇을 가만히 바라본다. 신기하게도 깨진 그릇의 파편이 온전한 그릇 안에 담겨 있다.

'나도 차라리 저렇게 바로 저 자리에서 깨져버리면 좋으련만, 유리 조각이 내 안에 담기는지도 모르고 나는 끊임없이 구르고 있구나. 언제쯤이면 멈출 수 있을까? 나를 멈추게 해줄 그 무언가가 필요해. 그것이 누군가의 발이어도 좋아. 그만둘 수만 있다면……'

남편은 세 번째 여자의 집에서 지내고 있다. 내가 두 번째 여자이지만, 나는 첫 번째 여자가 낳은 아이도 키우고 있고 정식으로 결혼도 했으니 내가 본처다. 하지만 이 집안의 누구도 나를 인정해주지 않는다.

홀시어머니와 시동생, 그리고 남편이 결혼 전 낳은 아이와 함께 산다는 것은 처음부터 쉬운 일이 아니었다. 시도 때도 없이 찾아오는 시동생의 친구들을 위해 수시로 음식을 준비해야 하는 것은 물론이고, 새벽까지 이어지는 그들의 술자리 심부름과 뒷정리까지 모두 내 몫이었다. 남편의 첫 번째 여자가 낳은 아이에게 '계모'라는 소리를 듣지 않기 위해 더 많은 사랑을 주면서 키워야 했다. 하지만 남편에게는 이런 힘듦을 토로할 수 없었다. 집에 잘 들어오지 않으니 말할 기회가 자주 없기도 했지만, 그보다는 나만 참고 견디면 될 일로 굳이 남편까지 신경 쓰게 하고 싶지 않았다.

시어머니가 나에 대한 적대감을 본격적으로 드러내기 시작한 것은 내가 임신했을 때부터다. 내 아이가 생기면 남편과 첫 번째 여자 사이에서 낳은 아이를 소홀하게 대할 것을 우려했다. 어머니는 나에게 낙태를 강요했고, 나는 처음으로 어머니의 뜻을 거역했다. 임신 중에도 시동생 친구들의 방문은 계속해서 이어졌고, 남편은 집에 거의 들어오지 않았으며, 시어머니는 태어나지도 않은 아이를 향한 거부감을 노골적으로 표현했다. 그렇게 나 말고는 아무도 바라지 않는 아이가 태어났다.

아이를 낳고서, 내 몸과 마음은 지칠 대로 지쳐 있었지만, 나를 도와줄 손길은 어느 곳에도 없었다. 심지어 나 자신조차 나를 돌보지 않았다. 많이 힘들었지만, 친정 엄마의 가르침대로 "내가 참고 살면 아무 일도 없을 것"이었고, 시어머니 말씀처럼 "내가 못나서 남편이 겉돌았고, 시어른의 사랑을 받지 못하는 것"뿐이었다. 남편과 시댁 식구들을 미워하는 내가 나쁜 사람이었다.

그런 한편, 두 아이를 양육하는 것은 내 몫이 되었다. 시어머니가 내 아이를 미워할수록 첫째 아이를 더 잘 돌보아주는 것이 모두를 지킬 수 있는 방법이었다. 노력하고, 또 노력했다. 정말 죽을 만큼 노력했다. 갓난아기의 잠투정으로 인해 서너 시간 이상 깊은 잠을 잘 수 없어 비몽사몽 하루를 견디면서도, 젖몸살로 몸에 열이 올라도, 어김없이 큰아이 일정에 맞춘 하루하루를 철저하게 지켜냈다. 유치원 가기 전 세 가지 이상의 반찬을 만들어 아침을 먹였고, 유치원 행사에 빠지는 일은 없었으며, 하원 후에는 한 시간 이상 놀이터에서 함께 시간을 보냈다. 아이의 옷매무새가 지저분해지도록 내버려두는 건 상상도 할 수 없었으며, 잠들기 전 동화책을 읽어주는 것도 잊지 않았다. 나의 작은 아기가 애달픈 울음으로 어미를 찾아도 큰아이의 요구가 늘 우선이었다. 기저귀를 가는 것보다 로봇 놀이가 먼저였고, 젖을 먹이는 것보다 첫째의 간식을 챙기는 게 더 중요했다.

그런데 어느 순간부터 더 이상 노력하고 싶지 않아졌다. 다 귀찮아졌다. 그냥 다 귀찮았다. 시어머니가 험한 말을 쏟아내도 이제는 더 이상 내 마음에 흠집조차 나지 않는 것 같았다. 남편에게 연락하는 것도 그만두었다. 늦잠 자는 날이 많아졌고, 이로 인해 아이의 유치원 등원이 늦어지거나 결석하는 경우도 생겨났다.

깨어 있는 시간에는 주로 음식을 먹었다. 무엇인가를 입안에 넣는 것만이 삶의 이유인 것처럼 계속 먹어댔다. 공허하기도 했지만 슬프다고 느껴질 때도 있었다. 그런 순간에도 나는 그저 먹었다. 그런데 까닭을 알 수 없는 눈물이 계속 흘렀다. 숟가락을 들어 올리는데 거기 눈물이 고여 담겨 있었다.

세상 모든 것이 다 귀찮았는데, 관심 가는 일도 없어졌는데, 못나기만 한 내가 너무 싫었는데, 그래서 술을 먹고 있었는데, 큰아이가 떼를 쓰기 시작했다. 갑자기 아빠를 데리고 오라고 했다. 유치원 행사에도 오지 않은 아빠를 봐야지만 잠자리에 들겠다고 떼를 쓰던 아이는 평소 시어머니가 하던 말을 그대로 따라 했다.

"엄마가 못났으니깐 아빠가 안 오지!"

순간, 참을 수가 없었다. 그리고 그날, 아이는 그 못난 엄마의 손에 목이 눌린 채 영원한 잠에 빠져들고 말았다.

상담실에 들어온 오은지는 한참 동안 울기만 했다. 나는 티슈를 건네고 그녀가 감정을 추스를 때까지 가만히 기다려주었다.

어느 정도의 시간이 흐른 뒤, 오은지는 깊은 한숨을 쉬면서 말문을 열었다. 시선은 여전히 눈물 닦은 티슈를 만지작거리는 자신의 손에 둔 채로.

"저 스스로가 용납이 되지 않아요. 다른 사람의 아이를 죽이고 이곳에 들어온 주제에, 엄마 없이 남겨진 내 아이가 걱정되고, 정말이지 보고 싶어 미치겠어요."

'주제에' '합리화 같고, 핑계 같겠지만' '그럴 자격은 없지만' '이런 생각 가지면 안 되는데'……. 이런 표현 없이는 말문을 열지 못하는 사람처럼, 오은지는 항상 자기 감정에 조건을 달았다. 유난히 그녀에게만 까다로웠던 그 조건은 아이에 대한 그리움조차 쉬이 허용하지 않았다.

그녀에게 필요한 것은 무엇보다 자신을 있는 그대로 수용하는 태도였다. 시어머니의 비난을 내재화하는 일 없이 나라는 사람을 그대로 바라보고 인정해주어야 했다. 자신이 좋아하는 것은 무엇인지, 어떤 경우에 섭섭함을 느끼는지 알아차리고, 스스로를 돌봐주어야 했다. 필요한 경우 주변의 도움을 요청하는 방법도 배워야 했다. 고분고분 순종적이고 착하기만 한 모습으로 타인의 인정을 획득하려고 했던 마음도 들여다봐야 했다. 그러기 위해서 우리는 건강한 방법으로 감정을 표현하는 방법을 배우고 연습하기로 했다.

우선, 그녀가 느끼는 감정을 검열 없이 토해낼 수 있도록 지지했다. 하지만 억압(불쾌한 기억이나 감정을 무의식 속으로 밀어내는 것), 억제와 반동형성(억압된 감정이나 욕구가 행동으로 나타나지 않도록 정반대되는 행동을 하는 것)이라는 방어기제를 사용하는 그녀에게 남편을 비롯한 시댁 식구들에 대한 원망을 입 밖으로 낸다는 것은 쉬운 일이 아니었다. 더군다나 지금 오은지는 아이를 살해한 자로서, 세상의 모든 비난을 모조리 흡수하고 있었다. 그런 자신이 다른 사람을 욕한다는 것은 가당치 않게 여겨졌다.

그래서 사용한 방법은 과거 경험을 '현재'로 가져오는 것이었다. 오은지의 요구에 따라 시어머니가 낙태를 요구하던 장면을 재연했고, 내가 시어머니 역할을 맡았다. 내 입을 통해 다시 흘러나오는 시어머니의 핀잔을 들은 그녀는 어이없다는 표정과 함께 눈물을 흘릴 뿐 말을 잇지 못했다. 그러다 겨우 입을 열었지만 끝내 문장을 완성하지는 못한 채 서럽게 오열하기 시작했다.

"당신이 뭔데 내 아이를 죽이⋯⋯."

실컷 울 수 있도록 그녀를 내버려두었다. 몇 분의 시간이 흐르자 울음이 잦아들더니 이내 깊은 한숨을 내뱉었다. 어느 정도의 평정심이 회복된 듯 보였다.

"지금 기분이 어떠세요?"

"하아⋯⋯. 조금 후련해진 것 같아요."

"아까, '내 아이를'이라고 한 뒤에 말을 제대로 잇지 못하셨어요. 이유가 뭘까요?"

"입에 담기도 힘들 만큼 상상조차 할 수 없으니까요. 그 말을 어떻게 다 합니까? 그 문장을 완성하는 동시에 그것이('아이의 죽음'이라는 단어를 끝내 사용하지 않았다) 현실이 되기라도 할 것처럼 두려웠던 것 같아요. 풋! 말을 내뱉고 보니 살인자인 제가 할 말은 아니네요. 그러고 보면 제가 시어머니보다 더 나쁜 사람이에요."

"시어머니가 나쁜 사람이라고 느끼세요?"

"적어도 저한테는 그렇죠. 세상 기준으로는 제가 더 나쁘겠지만……."

"그럼, 자신에 대한 비난은 잠시 미뤄두고 시어머니에 대한 이야기를 조금 더 해볼까요? 처음에, '당신이 뭔데……'라며 시어머니에게 어떤 말을 하려다가 멈췄어요. 그 뒤에 하고 싶었던 이야기는 뭘까요?"

"사실, 제가 그 집안에 뭘 그리 잘못했나요? 시어머니라는 인간은…… 아니, 인간이라는 표현도 아까워요. 도대체 무슨 권리로 나를 그렇게 부려 먹었던 거죠? 지금이 조선시대도 아니고, 그런 시집살이를 견디면서 사는 며느리가 얼마나 있겠어요. 자기 아들이 딴 여자랑 그러고 있으면 나한테 미안해해도 시원찮은 거 아닌가요? 시어머니, 남편, 시동생 모두 상식 밖의 사람들이에요……."

그렇게 한바탕 시원하게 쏟아내는 것 같았지만, 종내에는 시댁 식구들을 원망하는 자신을 탓하는 것으로 그날의 상담은 종료되었다.

자신의 욕구와 감정을 희생하는 대가로 얻게 되는 '착한 사람'이라는 훈장이 극단의 악함일 수 있는 '살인자'라는 멍에로 바뀌었다는 사실을 깨닫는 것이 쉽지 않았다. 도덕적 잣대의 검열 없이, 타인이 아닌 자신의 목소리에 귀 기울이는 연습은 오은지가 다른 교도소로 이송될 때까지 진행되었다. 나와 상담하는 동안 그녀가 울지 않은 날은 한 번도 없었다. 하지만 울음의 세기와 강도가 점점 줄어들고 있는 것만은 분명해 보였다. 자신의 욕구와 감정을 알아차리고 건강하게 표현하는 연습은 그녀의 평생 숙제가 될 것이다.

나는 그녀에게 마음껏 슬퍼하라고 말해주고 싶었다. 내 아이가 걱정되는 마음에 대해서, 몇 년간 기른 아이를 잃은 슬픔에 대해서. 그리고 마음껏 분노하라고 말해주고 싶었다. 결혼에 대한 최소한의 책임도 지지 않은 남편에 대해서, 태어나지도 않은 내 아이에게 몹쓸 말을 한 시어머니에 대해서.

이곳에서는 신입 수용자가 들어오면, 국가건강검진에서도 사용하고 있는 PHQ-9 Patient Health Questionnaire-9라는 자가 평가 도구를 이용해 우울 검사를 실시한다. 해당 검사지는 《정신질환 진단 및 통계 편람》 우울증 진단 기준을 토대로 하고 있다. 제아무리 교도소에 들어가야 할 마땅한 이유를 지녔더라도 형 집행을 위해 구속되는 상황은 삶의 큰 위기가 아닐 수 없고, 이때 혹여나 발생할지 모를 자살 및 자해와 같은 위험행동을 예측하고 교도소 생활에 적응할 수 있도록 돕기 위한 조

치다.

 검사 결과 오은지는 '심한 우울' 상태였다. 그런 가족 분위기에서 우울감이 찾아오지 않는 것이 이상할지도 몰랐다. 그때 오은지를 위로한 것은 술이었다. 그러나 술은 결코 진정한 의미의 위로를 건네지 않는다. 오히려 술은 중추신경계를 억압해 판단력과 행동, 감정조절력 등을 저하시킨다. 많은 전문가들이 우울 상태에서의 음주를 깊이 우려하고 그와 같은 행동을 하지 않도록 당부한다. 우울증 환자에게 술을 권하는 것은 '간접 살인'이라는 경고까지 서슴지 않는다. 자살로 생을 마감한 많은 유명인들이 음주 상태였다는 기사는 익숙하다. '죽고 싶다'는 충동을 통제하는 전두엽의 기능을 술이 억제한 결과 이것이 실제 행동으로 옮겨지는 것이다. 알코올의 힘을 빌려 평소 상사에게 전하지 못했던 고충을 토로하고, 사랑을 고백하며, 점잖던 사람이 놀라운 가무 실력으로 회식 자리를 빛내는 스타가 될 수 있는 것과 같다. 하지만 술이 제공하는 용기는 때로 잔인한 악마를 만들어내기도 한다.

 나는 문득문득 생각한다. 오은지가 그 순간 술을 마시지 않았다면 어땠을까? 술을 대신해 위로를 건네줄 단 '한 사람'이 곁에 있었다면 어땠을까? 그녀는 왜 기진맥진할 때까지 슬픔의 진통을 혼자서만 겪어내고 있었을까?

되돌릴 수 없는 사건의 날을 상상하며 질문을 던질수록 구름 속에 갇힌 듯 답답해졌다. 자신의 슬픔을 드러내지 않기 위해 더 많이 웃어야 했던 오은지의 이야기가 낯설지 않은 까닭이다. "네가 그 모양이니까 남편이 바람나는 거야"라는 시어머니의 이상한 논리와 "네가 참는 것이 미덕이다"라는 친정엄마의 폭력적인 가르침은 언젠가 읽은 《82년생 김지영》이라는 소설을 연상시켰다. 소설은 김지영으로 대변되는 보편적 인물의 묘사를 통해 우리 사회의 보이지 않는 차별이 어떻게 여성들의 삶을 제약하고 억압하는지 사실적으로 그려낸다. 77년생 오은지가 자란 세상 역시 여성으로서의 희생을 미덕으로 여기는 풍조가 남아 있는 사회였다. 특히 대를 이어 지독하게 뿌리 내린 가족 안의 신념은 그녀의 심리를 지배하기에 충분했다.

우리 사회에 오랫동안 이어져온 '좋은 게 좋다'라는 가스라이팅은 세상만사 빡빡하게 따지고 들 생각 말고 모르는 척 눈감고 살라고 강요한다. 일상에 교묘하게 파고들어 개인이 느끼는 힘겨움과 부당함을 의심하게 만드는 이 사회적 압력의 희생자가 오은지를 포함한 우리 모두라는 점을 생각하면 가슴이 꽉 막혀온다. 나도 모르게 내 안에 스멀스멀 기어 들어온 가치관은 의식조차 하지 못한 채 나와 타인을 해치는 폭력의 언어가 되었을 것이다. 존중받지 못한 감정이 극단의 공격성을 야기할 수도 있는 우울증이 될 때까지, 우리는 아무런 손을 쓰지 못했다. 하지만 여기에 가해자는 없다. 단지, 감정의 희생을 강요하는 문화의 피해자만 있을 뿐이다.

맛소금의 유혹

정적이 흐른다. 최아영도 나도 아무런 말을 하지 않고 있는 공간은 긴장감으로 가득 채워져 있다. 최아영은 책상 위에 놓인 물건을 본다. 그리고 나는 그녀의 흔들리는 눈빛과 떨리는 손을 본다. 같은 방을 쓰는 사람들에 대한 불평을 한참 늘어놓던 그녀 앞에, 내가 불쑥 주사기를 꺼내놓았던 탓이다. 하소연하듯 뿜어내던 말을 멈추고, 뚫어져라 주사기만 응시하는 그녀를 보는 내 마음도 덩달아 조여오는 듯했다. 그녀의 행동을 한 치 앞도 예측하기 어렵기 때문이다.

1초. 2초. 3초……

최아영이 거친 숨을 몰아쉬기 시작한다. 그리고 주사기만 노려보던 시선을 떨구고 바닥을 보는가 싶은 순간! 낚아채듯이 주사기를 손아귀에 넣어버린다. 너무 순식간에 일어난 그녀의 행동에 당황한 나는 반사적으로 주사기를 잡은 그녀의 손을 내 두 손으로 붙든다. 최아영은 주사기를 쉽게 빼앗기지 않는다. 그렇게 잡고 잡힌 손은 서로에게 간절함을 전달한다. 굳이 말이 필요하지 않은 순간이다.

얼마나 그러고 있었을까? 주사기를 잡았던 그녀의 손에 서서히 힘이 풀린다. 무력해진 주사기는 허무하게 내 손으로 넘어온다. 그녀가 목 놓아 울기 시작한다. 가끔 등을 토닥여줄 뿐 나는 아무 말도 하지 않은 채 그녀가 한참을 울도록 내버려둔다.

이제 겨우 이십 대 중반의 예쁘고 예쁜 나이. 푸른빛의 죄수복마저 최아영의 젊음 앞에서는 특유의 음침하고 우울한 기운을 떨치지 못하고 있었다. 누구하고든 쉽게 친해지는 그녀의 웃음과 수다스러움이 방 밖으로 새어 나올 때는 고등학교 시절의 복도를 지나고 있는 착각마저 들었다. 유난히 하얀 피부와 작은 얼굴에 얹힌 오밀조밀 예쁜 이목구비와 밝고 쾌활

한 성격은 마약수를 가리키는 파란색 번호표를 그녀의 가슴팍에서 떼어내고 싶게 만들었다. 하지만 그런 내 마음과 달리 정작 본인은 번호표 색깔에 전혀 개의치 않는 듯했다.

교도소에는 일반 수용자들에게 부여되는 흰색 번호표를 달지 못하는 세 부류가 있다. 빨간색의 사형수, 노란색의 조직폭력배 혹은 관심 대상 수용자, 그리고 파란색의 마약사범이다. 똑같이 교도소에 구속된 몸이라 하더라도 그들 사이에는 죄명에 붙은 나름의 편견과 혐오에 따른 급이 있다. 일반 수용자들은 마약사범들과 다툼이 생기거나 사이가 나빠지면 이들을 곧장 '마약쟁이'라고 낮잡아 부르며 냉소를 노골적으로 드러낸다. 공공연하게 퍼져 있는 이런 분위기를 모를 리 없는 일부 마약수들은 이로 인한 고충과 억울함을 토로하기도 한다. 본인 의지와 무관하게 교도소에서 만나는 모든 사람에게 자신의 죄명이 공개되는 것은 개인 정보 보호 취지에 위배된다거나, (교도소 안) 사회관계에서 부당함을 느낀다는 호소가 주요 내용이다.

그러나 최아영은 달랐다. 오히려 '그래서 어쩌라고?!'라는 식의 다소 무관심하고 때로는 도발적이며 반항적인 태도를 취했다. 이 덕분에 그녀는 어린 나이에도 불구하고 강한 이미지를 풍기며 관계에서 우위를 점하는 것으로도 보였다. 강자가 내뿜는 쾌활함과 필요에 따라 나타나는 동생 같고 딸 같은 면모는 자연스레 사람들을 불러 모았고, 그녀의 수용 생활은 즐거워 보였다.

그런데 언젠가부터 이런 최아영의 모습에 조금씩 균열이 가기 시작했다. 주변 상황에 예민하게 반응했고 짜증이 늘면서 사람들과의 다툼이 잦아졌다. 현재 복용 중인 수면제로는 잠을 잘 수 없다며 졸피뎀과 아티반 혹은 바륨을 반드시 추가해달라며 떼를 썼다.

"여기 의사는 정말 돌팔이예요. 졸피뎀을 취급하지 않는 것도 화나는데, 그게 없으면 바륨이라도 줘야 할 거 아니에요. 저는 그 약만 있으면 정말 잘 지낼 수 있단 말이에요."

"지금 이야기한 약이 모두 향정신성 의약품이라는 것은 알고 있지요?!"

"출소하면 절대 안 먹을 거예요. 밖에 나가면 노래방을 가든 술을 마시든 친구를 만나든 스트레스를 풀 수 있는 방법이 따로 있는데, 여기서는 아무것도 할 수 없잖아요."

"그렇지만 출소하면 마약도 그만큼 쉽게 접하겠지요. 스트레스를 해소하는 쉬운 방법이 될 테고요."

"아니에요. 이제 정말 마약 근처에도 안 갈 거예요. 약속할 수 있어요."

"그렇다면 이곳에서도 견디세요. 지금 최아영 님이 느끼는 갑갑함과 짜증, 불면 같은 것들이 모두 금단증상의 일종이에요. 최아영 님 말씀처럼 졸피뎀이나 바륨을 먹으면 편안해질 거예요. 그런데도 의사 선생님이 처방하지 않은 데는 그만한 이유가 있겠지요!"

"그럼 나보고 도대체 어쩌라고요. 미쳐버리겠는데! 노래방 기계라도 갖다 주던지. 아무것도 할 수 없게 꽁꽁 묶어놓고……. 인간적으로 너무하잖아요!"

"최아영 님이 지금 얼마나 힘든지 알아요. 하지만 평생 마약을 할 것이 아니라면 지금 이 순간을 잘 넘겨야겠지요. 갈망 상태를 이겨낸 경험이 쌓일수록 최아영 님의 인생은 달라질 거예요."

"아~!!! 나 진짜 마약 안 할 수 있다고요!!! 쳐다보기도 싫다고요!!!"

취업을 위해서 고향인 경북 문경을 떠나 서울로 왔지만 그 길은 최아영 자신이 짐작한 것보다 어려웠다. 부모님께 용돈을 받는 것이 죄송스러워 시작한 아르바이트 덕분에 취업 준비에 전념하지 못했다. 반복되는 탈락의 이유가 부족한 스펙 탓인 것 같아 필요한 공부를 시작했지만 피곤한 하루를 끝낸 후에는 그저 쉬고 싶어졌다. MBTI의 E 성향이라고 하는 그녀에게 '쉼'은 사람들 속에 섞이는 것이었다. 호감 가는 외모와 뒤처지지 않는 음주가무 실력을 갖춘 그녀를 사람들은 좋아했다. 클럽은 그녀에게 최적화된 놀이터였다. 그곳에서 이루어진 남자친구와의 만남은 매우 자연스러웠다. 그와 함께하는 모든 순간이 행복이었는데, 특히 그가 건네주는 술은 유난히 기분을 좋게 만들었다. 사랑의 힘이라는 것이 매우 강력하다고 생각했다. 밤새 그와 놀아도 다음 날 문제없이 일할 수 있었고, 집중력마저 좋아져서 공부에 도움이 되었다. 배고픔이 느껴지지 않아 다이어트가 저절로 되는 것은 덤이었다.

그런데 살면서 처음 경험해보는 이런 극적인 행복감이 오래가지 못한다는 것이 이상하게 느껴졌다. 잠시라도 못 보면 견딜 수 없을 만큼 남자친구를 사랑해서 나타나는 현상이라고 생각한 적도 있었지만, 진짜 이유는 그가 건네는 술이었다. 그에게서 술잔을 받는 횟수가 줄어들면 분노가 올라왔다. 술기운이 떨어지면 그간의 피로가 쓰나미처럼 밀려와 자신을 집어삼키는 것만 같았다. 잠든 후 깨어나지 못해 아르바이트 자리를 잃었고, 당연히 공부도 이어갈 수 없었다. 그녀를 망가뜨린 정체가 남자친구도 술도 아닌 필로폰이라는 사실을 깨달았을 때는 이미 늦은 뒤였다.

투약으로 구속되었던 과거와 달리, 지금의 그녀는 판매에까지 손을 뻗은 상태다. 적은 수고로 고액의 수입을 올릴 수 있는 이 범죄는 더 이상 다른 일을 할 수 없게 만들었다. 마약 이외의 것으로는 쾌감을 얻을 수 없게 된 것과 같았다.

마약이 없는 삶을 꿈꾸지 않은 것은 아니었다. 첫 번째 구속 후에는 서울을 떠나 다시 부모님과 함께 살면서 몸과 마음을 회복하려 했다. 그러나 남몰래 찾아드는 우울감과 불면은 최아영이 남자친구를 다시 찾아가게 만들었고, 이것은 곧 두 번째 구속으로 이어졌다. 찢어지는 가슴으로 딸의 불행을 지켜봐야 했던 부모님은 아무 말 없이 눈물을 삼키며 출소한 딸을 병원으로 데리고 갔다. 하지만 병원도 그녀를 오래 붙들어두지는 못했다. 단약 모임에 나갈 것을 약속하고 퇴원한 그녀에게 함께 마약을 하던 친구들이 찾아왔고, 그녀는 다시 한 번 넘어질 수밖에 없었다.

일반적으로 중독자들에게 적용하는 변화 모델 단계라는 것이 있다. 숙고 전, 숙고, 준비, 실행, 유지, 재발 등으로 나누어 분석하는 행동 변화 모델이다. 최아영의 경우 변화에 대한 동기가 전혀 없는 '숙고 전 단계'는 지났지만 변화를 위한 구체적인 계획까지 세우는 '준비 단계'에까지는 이르지 못한, '숙고 단계'에 머물고 있는 것으로 판단되었다. 이 단계에서는 변화와 현 상태 유지 사이에서 갈등을 하게 된다. 자칭 다이어터라고 하는 사람이 불편한 마음으로 야식을 먹는다거나, 금연 결심은 하지만 보건소에는 찾아가지 않는 식이다.

최아영은 이제 평범하게 살고 싶었다. 힘들어도 이전처럼 소소한 아르바이트를 하고, 취업을 위한 공부를 하고, 좋은 사람을 만나 결혼하고 아이를 낳는 보통의 삶. 동시에 마약이 없는 삶은 너무 지루했다. 더 이상 그녀를 흥분시키거나 신나게 하는 것은 없었다. 적극적으로 단약을 시도한 적 없는 중독 이력과, 진지함이 없고 너무 적응이 잘되어 오히려 불안한 수용 생활을 통해, 나는 숙고 단계에 머무른 그녀의 변화 의지 단계를 짐작할 수 있었다. 하지만 최아영은 자신이 기어코 약을 끊을 수 있다고 호언장담했다.

"약을 끊으려면 인맥 정리도 반드시 필요해요."

"당연히 그래야죠!"

"그럼 최아영 님의 사회 관계망부터 그려볼게요."

A4 용지를 가로로 두고 중심에 최아영 자신을 동그라미로 그려넣은 뒤, 가지를 뻗어 주변인들을 그려나가도록 했다. 특히 약물 사용과 관련된 사람들을 반드시 포함시키고, 가지의

길이로 심리적 거리감을 나타내고 도형의 크기로 중요도를 표현하도록 했다. 그림을 완성하고 설명하는 과정에서 단약을 위해 정리해야 할 관계와 확장해야 할 관계, 그리고 회복해야 할 관계를 재정립할 목적이었다.

"최아영 님, 최아영 님의 마약 사용에 직접적인 영향을 주는 남자친구가 '회복할 관계'에 포함되어 있네요?"

"아! 남자친구는 저한테 없어서는 안 될 존재예요. 오빠랑 이별한다면 다시 마약을 하게 될 거예요."

"하지만 최아영 님, 최아영 님에게 처음 마약을 건넨 사람이 남자친구였어요. 이후에 남자친구랑 공동 투약을 하다가 구속된 적도 있고요."

"이제는 정말 제가 남자친구를 잘 설득할 수 있어요. 두 번째 구속 때도 마지막으로 딱 한 번만 하자고 했는데 잡혀버린 거예요."

"좋아요. 그럼 이 자리에서 남자친구를 한번 설득해보도록 하죠. 제가 남자친구 역할을 맡을게요. 최아영 님이 저를 설득해보세요. 우선, 서로 호칭은 어떻게 사용했었죠?"

"저는 오빠라고 불렀고, 오빠는 그냥 제 이름을 불렀어요."

"두 사람이 주로 만난 장소는요?"

"제 자취방이요."

"알겠어요. 그럼 잠시 눈을 감고 최아영 님의 자취방을 떠올려볼게요. 준비가 되었나요?"

"예."

"그럼 시작할게요."

내가 책상 위에 놓인 물을 한 모금 들이켜자, 그녀도 종이컵 안에 담긴 커피로 목을 축였다.

"아영아, 나 요즘 너무 답답해. 네가 자꾸 약을 끊겠다고 하니까 우리 관계가 뭔가 어색해지는 것 같아."

"어색하다고? 그래, 지금은 그렇게 느낄 수도 있지만 우리 둘 다 건강하게 살려면 이렇게 할 수밖에 없어."

"노력하는 건 좋은데, 사실 너 지금 힘들잖아. 계속 하자는 게 아니야. 지금 딱 한 번만 해보자는 거야. 그럼 우리 관계도 더 좋아질 거야."

"지난번에도 딱 한 번만 하자고 했다가 걸려 들어갔잖아. 다시는 교도소에 가고 싶지 않아."

"이번에는 안 걸려. 내가 안 걸리게 할게. 나만 믿어. 우리 이거 하고 너무 좋았잖아. 생각해봐."

"그냥 그 순간뿐이야. 결국 더 힘들어지잖아."

"아영아, 솔직히 말할게. 나는 끊을 자신이 없어. 그런데 네가 계속 이러면 우리 사이도 멀어질 것 같아."

"그런 말 하지 마. 난 오빠를 진심으로 사랑해."

"그럼 선택해! 나를 만나려면 이걸 계속 해야 돼."

"……."

최아영은 포기하듯 내뱉은 낮고 지친 숨결로 선뜻 말이 되어 나오지 않는 대답을 대신했다.

"여기까지 할게요. 어떠셨어요?"

"할 말이 없네요. 오빠가 진짜 저랑 헤어지려고 할 수도 있겠다는 생각이 드니까 더 이상 말을 못 하겠어요."

"그럼 남자친구를 선택할 건가요?"

"모르겠어요."

최아영은 먼저 자신에게 솔직해져야 했다. 끊을 자신이 있다는 말과 달리 그녀의 내면은 저항하고 있었다. 주사기를 보는 것만으로도 그녀의 뇌는 강렬하게 반응했다. 중독은 의지로 해결할 수 있는 사안이 아니라는 진실을 직면해야 했다. 끝내 남자친구를 설득하지 못했음에도 그 관계를 끝낼 결단은 내리지 못하는 자신과도 마주해야 했다. 남자친구와 함께 약에 취했던 극도의 쾌감을 뇌는 또렷하게 기억하고 있었다.

"남자친구와 이별하는 것에서 어떤 점이 가장 불안하거나 두려우세요?"

나는 이제 그녀의 저항과 함께 구르기로 했다.

"솔직히 자신이 없어요. 출소했을 때 다른 사람을 만나보기도 했는데, 오빠처럼 저랑 잘 맞는 사람이 없었어요. 뭔가 채워지지 않는 공허함이 숨통을 점점 조여오는 것 같았어요."

"둘이 만날 때는 주로 무엇을 하면서 시간을 보냈나요?"

"그냥, 똑같죠, 뭐. 영화 보고 밥 먹고 카페 가고……."

"무언가가 빠져 있네요?"

그녀가 쓴웃음을 지었다.

"사실은…… 얼마 전 식사 메뉴에 프라이드 치킨이랑 같이 나온 소금을 보면서도 마약 생각이 간절히 났어요. 맛소금을 보면서도 마약 생각이 나는데 주사기는 어떻겠어요? 선생님 말씀대로 약을 끊으려면 오빠랑 헤어져야 한다는 거 알아요. 근데 그 갑갑함을 견딜 자신이 없어요. 보통 사람들이 생각하는 갑갑함과는 차원이 달라요. 겪어보지 않으면 정말 몰라요. 울면서 하는 것이 마약이라더니, 제가 평생 그럴 거 같아요. 실제로 마약을 끊는 사람이 있긴 한 거예요?"

마약중독으로부터 회복되는 사람들은 당연히 존재한다. 엄밀히 말하면, 단약 상태를 '유지'하고 있는 이들의 사례는 한국마약퇴치운동본부와 중독관리통합지원센터 등의 홈페이지에서도 찾아볼 수 있다. 이들은 약물중독자 자조모임NA; Narcotic Anonymous, 중독회복연대 등에 소속되어 회복을 지속하기 위해 꾸준히 노력하는 것은 물론이고, 다른 중독자들을 돕기 위한 많은 활동을 한다. 심지어 일정한 교육을 받아 강사 자격을 갖춘 회복자들은 치료자 역할을 하기도 한다.

2023년 9월 화성교도소와 부산교도소의 시범운영을 시작으로 교정기관에서는 마약수들의 회복이 지역사회에까지 이어지도록 많은 노력을 기울이고 있다. 회복 동기가 강한 마약사범들을 대상으로 치료 공동체를 모방한 전담 수용동을 만들고, 마약퇴치운동본부와 전화 상담을 하거나 출소 후에 연계되도록 협약을 맺는 일 등이 그것이다. 그럼에도 불구하고 외부와 차단된 환경으로 인해 본인 의지와 상관없이 '강제 단약'을 실천하고 있는 상태에서 이루어지는 교육과 상담은 한계를 지닌다. 중독은 질병이지만, 그것으로부터 벗어나고자 결심하는 것은 자신의 몫이다. 출소와 함께 법의 강제력에서 벗어나는 이들의 발걸음이 어디로 향할지는 그 누구도 장담할 수 없다.

◇

출소 후 1년도 지나지 않아 최아영은 다시 교도소에 들어왔다. 그런 최아영을 보면서 나는 또 한 번 깊은 한숨을 내쉬어야 했다. 남자친구와의 이별을 시도했지만, 이별 후에 찾아오는 극강의 외로움과 공허함은 최아영의 곁으로 또 다른 마약 친구들을 불러들였다. 내 앞에서 자신은 이미 개미지옥에 빠져버렸다며 씁쓸하게 웃는 최아영은 탈출구 없는 어둠 속에 갇힌 사람처럼 외로워 보였다. 불과 1년도 안 되는 시간이 흐르는 동안, 그녀만의 독특한 소녀스러움과 발랄함은 온데간데없이 사라지고 말았다.

언젠가 본 드라마 〈슬기로운 감빵생활〉에서 마약중독으로 구속되었던 해롱이가 출소와 동시에 다시 마약을 하는 장면에서 느꼈던 감정은 안타까움을 넘어서는 것이었다. 안간힘으로 지켜낸 단약 결심이 소위 '출소뽕'이라는 것에 바로 무너지는 순간, 나는 출소라는 희망이 오히려 그의 나락을 더욱 깊고 어둡게 만드는 아이러니를 목격한 기분이었다. 최아영이 내게 보여준 씁쓸한 웃음은 드라마에서 느낀 암울한 기분을 되살리며 나를 비통케 했다.

마약 사용 경험은 깊이 각인된 뇌의 상흔이다. 마약에 대한 갈망은 단순히 버티는 것만으로는 해결되지 않는다. 삶의 전반을 바꾸고 평생을 싸워야 한다. 중독자들의 주변 사람들은 물론이고, 온 사회가 함께 등을 내주고 손을 내밀어야만 가능하다. 그런 의미에서 국가가 집중해서 고민해야 할 것은 '마약

범죄 단속'만이 아니라 '중독 회복 정책과 지원'이 아닐까.

물론 어느 것 하나 쉬운 일은 없다. 마약을 끊으려는 무수한 사람들의 의지를 수포로 돌리는 것처럼, 최아영이 이곳으로 다시 돌아온 것처럼. 그럼에도 나는 수많은 최아영에게 손 내미는 일을 멈추지 않고 싶다. 내가 서 있는 이 현장과 눈물 어린 현실 앞에서 중독회복연대의 외침을 마음 깊이 새기며 작은 가능성의 길을 열어가고 싶다. 비록 번번이 무너져 내릴지라도 "마약은 퇴치 대상이지만, 사람은 회복의 대상이어야 한다"고 힘주어 이야기하고 싶다.

벚꽃 앤딩
Anding

사면이 통유리로 지어진 카페는 만개한 벚꽃에 둘러싸인 채 봄의 설렘을 완연히 품고 있었다. 4월의 꽃샘추위는 여전히 두꺼운 옷차림을 강요하는 듯했지만, 연인들은 날씨의 시샘을 아랑곳하지 않았다. 한결 가벼워진 형형색색 옷차림으로 한껏 멋을 내고, 행복에 겨운 지금 이 순간을 놓칠세라 테이블 위 음료를 배경 삼아 사진 찍기에 여념이 없었다.

희정 역시 노란 원피스 위에 청재킷을 걸친 산뜻한 차림으로 카페의 한 자리를 차지하고 있었다. 그러나 카운터 쪽에 시선을 고정한 채 초조한 눈빛으로 점원을 바라볼 뿐 주변의 화사한 웃음소리에는 전혀 동화되지 못했다. 카운터의 여자 점원은 쉴 새 없이 밀려드는 손님들의 주문을 받는 것만으로도 벅찰 텐데 시종일관 미소를 잃지 않았다.

'저 미소에 반한 것일까?'

포니테일로 묶은 점원의 머리는 단정하면서도 발랄한 느낌을 주었다. 태닝으로 관리한 듯 적당히 까무잡잡한 피부가 섹시해 보였고, 음료를 건네는 가늘고 긴 손가락은 여성스러움을 더해주었다. 희정은 자신이 어느 것 하나 점원보다 나은 게 없는 것 같았다.

'내가 남자였어도 반했을 것 같아…….'

괜한 질투와 시기, 그리고 부러움이 폭발했다. 그때, 입구 쪽으로 준호가 들어오는 기척이 느껴졌다. 카페 문이 열리기 전부터 준호의 시선은 점원을 향해 있었고, 얼굴 가득 미소를 담은 점원이 반가운 표정으로 그를 맞이했다. 다른 손님들에게 보인 상냥함과는 결이 다른, 어딘지 모르게 은밀한 느낌을 주는 미소와 함께였다. 단순히 주문을 하고 있는 것이라고 생각하기에는 꽤 긴 시간 카운터에 머문 준호가 이내 뒤를 돌아 희정을 찾기 시작했다. 희정은 그를 향해 가볍게 손을 들어 자리를 알려주었다.

"자기가 좋아하는 블루베리 스무디 주문했어. 괜찮지?"

"응…….".

"오래 기다렸어? 어제 과장 때문에 또 과음한 거 같아……. 과장이 글쎄……"

자리에 앉자마자 직장 스트레스를 뿜어내는 준호의 하소연이 희정에게는 잘 들려오지 않았다. 점원에게 온 신경이 가 있는 탓이었다. 점원이 냉동실에서 얼음과 블루베리를 꺼내고, 요거트 파우더와 우유를 넣어 믹서를 돌리고, 시럽통을 꾹꾹 눌러 담는 모습 하나하나가 왠지 모르게 예민해진 감각을 더욱 날카롭게 자극했다. 이윽고 음료 준비가 완료되었음을 알리는 진동벨이 울리기가 무섭게, 준호가 기다렸다는 듯 자리에서 일어나 카운터 쪽으로 경쾌한 발걸음을 옮겼다. 둘이 음료를 주고받으면서 서로에게 눈짓하는 찰나, 희정은 한껏 긴장된 감각을 끌어올리며 그 순간을 놓치지 않고 포착했다.

역시 그랬다. 준호는 바람을 피우고 있는 게 분명했다. 참담했다. 언제부터였을까?

"뭐 해? 무슨 생각하는 거야?"

"아……. 미안. 잠깐 딴생각 좀 했어. 우리 이제 나갈까?"

준호와 점원의 관계를 확인한 마당에 더 이상 카페에 머무를 이유가 없었다. 준호가 황당한 표정을 지었지만, 잠시라도 둘을 한 공간에 더 두고 싶지 않았다.

저마다 복잡한 심경으로 카페에서 나온 두 사람은 벚꽃이 만개한 가로수길을 걸으며 여느 커플처럼 연신 사진을 찍었다. 겉으로는 화기애애해 보였지만 사실 희정의 머릿속은 잔뜩 뒤엉켜 있었다. 어쩌면 마지막이 될지 모를 추억이라는 예감도 들었다. 오히려 그래서 지금

이 순간의 모습을 더욱 정성껏 카메라에 담는지 모를 일이었다.

어느덧 해가 지고 사방이 어둑어둑해졌지만 화려한 조명 빛을 받은 벚꽃들은 더욱 흐드러지게 춤추며 밤하늘을 뒤덮었다. 멋들어진 풍경을 예찬하는 탄성과 행복을 과장하는 웃음소리가 끊이지 않는 인파를 헤치며 걷던 두 사람은 푸드 트럭에서 닭꼬치와 스테이크를 주문해 간단하게 저녁을 해결했다.

"이제 그만 집에 갈까?"

슬며시 희정의 눈치를 살핀 준호가 물었다.

"벌써?"

"해가 지니까 날씨도 쌀쌀하고, 며칠 무리를 했더니 좀 피곤하네."

"그럼 모텔 가서 쉬어. 그러면 되잖아."

"음, 그럴까······?"

모텔이 모여 있는 거리로 향하는 준호의 발걸음에는 내키지 않는 기색이 역력했다. 이 시간에 빈방이 있을지 모르겠다며 작은 소리로 혼잣말을 하는 준호의 등을 희정은 물끄러미 쳐다보았다.

이윽고 잠시 뒤······. 빈 모텔 방을 찾아 들어선 준호는 희정보다 앞서 샤워를 마치더니 서둘러 침대에 드러누워버렸다. 희정도 욕실에 들어가 따뜻한 물로 샤워를 했다. 타월로 물기를 닦고 나오니 준호는 벌써 설핏 잠에 든 건지, 베개 너머로 들려오는 숨소리가 고르고 규칙적이었다. 희정은 준호 곁으로 가서 그를 일으켜 세웠다.

"우리 이야기 좀 해."

"무슨 이야기? 나 진짜 피곤해. 조금만 자고 일어나서 이야기하자."

"왜 피곤해?"

"벚꽃 보느라 오늘 꽤 많이 걸었잖아."

"그게 그렇게 피곤해?"

"그럼 안 피곤해? 나 요즘 회사 일도 많았던 거 몰라?"

희정은 자기를 속이려는 뻔한 거짓말에 넘어가고 싶지 않았다.

"두 여자를 만나서 피곤한 건 아니고?"

"그게 무슨 말이야? 말도 안 되는 소리 좀 하지 마!"

"내가 모를 줄 알았니?"

"도대체 또 뭘 가지고 이러는 거야! 이러는 네가 얼마나 질리는 줄 알아? 얼마나 견디기 힘든지 아냐고?!"

"아까 그 카페 카운터에 있던 여자. 걔랑 만나고 있잖아! 지금도 나랑 데이트 빨리 끝내고 걔한테 달려가고 싶은데 못 가고 여기 이러고 있어서 짜증 내는 거잖아!"

준호는 자리에서 벌떡 일어섰다. 억지도 이런 억지가 없다는 듯 경멸하는 눈초리로 희정을 쏘아보더니, 벗어놓은 옷을 꿰차고 황급히 자리를 떠나려 했다. 평소에는 자신이 화를 내도 애써 다독이던 준호가 이번엔 정말로 떠날 것처럼 하자 희정은 다급해졌다.

"알겠어. 미안해. 가지 마. 그만할게."

더 이상의 추궁은 의미가 없는 것 같았다. 억지로 준호를 붙잡아 세운 희정은 티백을 뜯고 전기 포트에 물을 끓여 따뜻한 차를 우려냈다. 준호는 화를 삭이려는 건지, 간이 의자에 앉아 TV 화면만 뚫어져라 쳐다보았다. 희정은 다시 한 번 준호 쪽을 재빨리 확인한 뒤 차에 수면제를 섞었다. 그가 잘못을 인정하고 앞으로는 자기만 바라보겠다고 약속해주었더라면 이런 선택은 하지 않았을 것이다. 준호의 바람을 확신할 수 있는 근거는 차고도 넘쳤다. 카페에 그 여자가 등장한 이후부터 그곳 단골이 되었고, 카페를 벗어나면 준호의 표정은 미세하게 어두워졌다. 최근 카페 여자가 자신을 적대적으로 대하는 느낌도 걸렸고, 그녀의 외모가 준호의 이상형이라는 점도 한몫했다. 준호를 대하는 그녀의 눈빛이 남다르다는 건 아마 누구나 눈치챌 수 있을 터였다. 그런데도 준호는 끝까지 발뺌했다. 그렇다면 이제 준호의 바람기를 멈출 수 있는 방법은 한 가지밖에 없었다.

희정은 수면제를 먹고 잠든 준호를 확인한 뒤 미리 준비해 간 도구들을 가방에서 꺼냈다. 수면제에 취해 누워 있는 준호 쪽으로 다가간 희정은 마음을 굳히려는 듯한 긴 한숨을 내뱉고 나서 도구를 사용했다. 하얀 베갯잇이 붉게 물들어갔다. 그 여자를 다시는 만나지 않겠다고 약속했다면 이렇게까지 되진 않았을 텐데……. 희정은 준호의 대처가 끝까지 원망스러웠다.

상담실에 들어선 희정은 가벼운 목례로 내게 인사를 건넨 뒤 의자에 앉았다 일어나기를 반복하면서 잠시도 가만히 있지 못했다. 정신질환자와 교도소 수용자를 오래 만나온 나는 이들의 우발적 행동 가능성을 늘 염두에 두고 있었으므로 그런 희정이 불안했다. 우리 두 사람의 사이를 가르는 책상의 경계를 넘나들고 있는 희정은 언제든 가만히 앉아 있는 나에게 위해를 가할 수 있는 상황이었다.

"희정 님! 희정 님이 그렇게 서서 계속 움직이시면 제가 불안해요. 자리에 앉아주시겠어요?!"

나는 불안을 감추지 않았다.

"아! 그렇죠! 선생님, 죄송해요. 앉을게요. 잠시만요."

그러나 희정은 말과 달리 여전히 안절부절못하며 선뜻 자리에 앉지 못했다. 희정의 말투에서 공격성이 아닌 초조함을 느낀 나는 잠시 여유를 두고 그녀가 차분해지기를 기다렸다.

몇 분의 시간이 흐른 뒤 희정이 내게 요구했다.

"괜찮다면 상담실 문을 좀 열어둬도 될까요? 여기서도 갇혀 있는 기분이 들어서 그래요."

상담실 문이 열린 뒤에야 희정은 다소 안정이 되는 듯 자리에 앉아 창밖 어딘가를 한참 바라보았다.

"죄송해요, 선생님. 제가 답답하고 불안해서 그래요. 이런 제가 견디기 힘드시죠?"

'견딘다'라는 표현은 일정 기간 참고 버티어내는 것을 뜻할 텐데, 희정은 처음 만난 내게 그렇게 이야기하고 있었다. 살해당하기 직전 남자친구가 그녀에게 했던 그 말처럼.

나는 희정에게 우리가 만난 시간은 고작 30분도 되지 않았으며, 자리에 앉아달라는 나의 부탁에 그녀가 선뜻 응해줬다는 사실을 상기시켰다. 그런 자신을 내가 왜 견디기 힘들어할 것이라고 생각하는지, 불안한 이유가 무엇인지 물었다.

"사건이 일어난 뒤부터 생긴 증상이에요. 그냥 불안해요. 이유는 저도 잘 모르겠어요. 그리고 이렇게 불안해하는 저를 사람들이 잘 못 견디더라고요."

무역회사에 다니던 희정은 업무 처리가 깔끔하고 배려심이 깊어 동료들에게 좋은 평가를 받는 직원이었다. 가정에서도 장녀 역할을 톡톡히 하는 자랑스러운 딸이고 언니였다. 그렇게 삶의 전반에서 긍정적 평가를 받아오던 그녀에게 내려진 질투망상이라는 병은 그런 것이었다. 조현병의 망상과 달리 기괴하지 않고, 현실에서 충분히 있을 법한 내용으로 구현된다. 나름 논리적이고, 지리멸렬하지 않다. 망상이 있는 부분을 제외하고는 이상해 보이는 면이 없는 만큼 사회생활을 하는 데도 무리가 없다.

사실 희정에게 준호의 외도 의심과 관련한 논쟁은 불필요했다. 본디 망상이 논리적 반박으로 설득할 수 있는 것이 아닐뿐더러, 이 그릇된 믿음으로 인해 고통받았던 두 사람 중 한 명은 이미 세상에 없는 터였다. 하지만 준호의 부재가 희정의 의심병 부재를 의미하는 것은 아니었다. 희정은 여전히 전쟁 같았던 마음속 갈등으로 힘겨워했고, 의심으로 고갈된 에너지를 채우지 못하고 있었다.

교도소라는 삭막하고 낯선 장소에서 아무에게도 터놓지 못하는 감정을 억누를 수밖에 없던 희정은 이후 수시로 나를 찾기 시작했다. 상담이 정해져 있든 그렇지 않든, 환자용 침상에 설치된 비상 버튼을 누르듯 당연하게 여겼고 막무가내였다. 경계를 설정해야 했다. 나는 고심 끝에 정해진 날에만 만나는 것을 제안했고, 희정은 거기에 동의했다. 사건이 있던 날 자신의 추궁에 질려하며 모텔을 나가려던 준호에게 그랬던 것처럼 나에게도 결국 자기 뜻을 굽혔다. 그녀는 그런 사람이었다. 막무가내로 요구하다가도 상대에게 버림받을 것이 두려워 결국에는 한 발 물러서는 사람……

약속은 한동안 잘 지켜졌다. 상담이 거듭되면서 준호를 향해 터져나왔던 분노와 배신감 또한 점차 사그라지는 것 같았다. 이제 희정은 자신과 함께 지내는 방 식구들에 대해 이야기하기 시작했다. 몇몇은 비난했고 몇몇은 칭찬했는데, 그 기준은 희정 자신이었다. 자신보다 잘난 무언가가 있는 사람들은 비난의 주인공이 되어야 했다. 하지만 그 뒷담화를 들을 수 있는 사람은 나 이외에는 없었다. 소위 '아무것도 없으면서 잘난 체하는' 그녀들 앞에서는 오히려 친절했고, 그런 만큼 좋은 관계를 유지하고 있었다. 타인과 자신을 비교하며 상대의 마음에 들기 위해 노력하는 모습은 희정의 인생에서 끊임없이 되풀이되고 있었다. 어딜 가나 눈에 띄는 외모로 칭찬을 받는 동생과의 비교에서 그녀가 우위를 점하기 위해 택한 방법은 학업과 직장에서의 성취였고 '좋은 사람'이 되는 것이었다. 이 방어기제를 활용해 잘 살아온 듯했지만, 마음 한편에 도사리고 앉은 열등감이라는 것은 시시때때로 희정을 괴롭힐 틈만 노리고 있었다.

이쯤에서 이 부분을 다루어보는 것이 좋겠다고 판단한 나는, 희정으로 하여금 동생과 비교당한 어느 한 순간의 감정에

접촉해보도록 했다. 수치심, 분노, 무력감…… 등의 단어 속에서 희정이 가장 주목한 감정은 시기와 질투였다. '좋은' 언니여야만 하는 자신이 동생을 미워할 수는 없는 법이었다. 게다가 동생이 교도소의 같은 방을 나누어 쓰는 수용소 거실 동료의 모습으로 자신 앞에 서 있다는 사실은 더욱 끔찍했다.

하지만 이로 인한 혼란스러움도 잠시, 희정은 언제 그랬냐는 듯 자존감 향상 작업에 성실한 태도로 임해주었다. 적극적이고 주도적으로 참여했고, 부여받은 과제도 빠짐없이 수행했다. 타인과 자신을 비교하는 순간을 알아차렸고, 내면의 가혹한 비평가에게 반박했으며, 구겨진 돈이어도 돈의 가치 자체가 변하는 것은 아니라는 사실을 알아가기 시작했다.

그러던 어느 날 희정이 나에게 이렇게 묻기 시작했다.

"오늘은 몇 명이나 만나고 가실 거예요?"

"오늘은 저만 상담해주고 가시면 안 되나요?"

"지난번에 보니깐 23번이랑 아주 친해 보이던데, 그 애도 상담 대상자예요?"

"다른 수용자들과 상담할 때는 보통 어느 정도 걸려요? 상담 주기는 저처럼 2주일에 한 번씩인가요?"

"23번한테는 왜 웃어준 거예요?"

"23번도 사랑받을 가치가 있는 사람이에요?"

……

나는…… 어느새 준호가 되어 있었다.

희정이 모범생이라는 사실을 간과했다. 자존감 향상을 위해 사용한 긍정적 강화는 그녀의 인정 욕구를 더욱 끌어올리는 효과를 가져왔다. 이곳에서 유일하게 그녀의 가치를 인정해주는 내 마음에 들기 위해 그녀는 또 애를 썼다. 열등감을 상쇄하기 위해 발휘한 성취는 더 큰 기대치를 만들어냈고, 그것에 부합하기 위한 발버둥은 허무했다. 영혼까지 집어삼키려는 듯한 열등감을 허용할 수 없던 희정의 무의식은 자신이 아닌 준호가, 그리고 내가 그녀를 열등하게 느낀다고 생각하게 만들었다.

희정은 기어이 깨닫지 못했다. 그녀가 동생보다 더 미워한 존재는 그녀 자신이라는 것을, 사랑해달라고 떼써야 할 대상은 준호도 나도 아닌 희정 자신이었다는 것을.

찰랑거리는 인생

"아이고, 술 못 끊습니다. 못 끊어요. 여기서는 술 끊는다고 말해도 막상 나가면 못 끊어요. 허전하고 외로운데 어떡해요. 집에 혼자 있으면 절로 술 생각이 난다니까요."

껴안고 있기도 힘들겠다 싶을 만큼 잔뜩 나온 배가 테이블 가까이 오는 것을 저지한 탓인지 김정기는 의자에 몸을 기댄다. 그러고는 '술은 절대 못 끊는다'는 말을 매우 단호하게도 한다. 김정기의 말이 이어졌다.

"며칠 전에 누나가 스님 한 분을 데리고 접견을 왔는데, 내가 나가면 농사지을 수 있게 해주겠다고 하더라고요. 근데 그건 말도 안 되는 소리예요."

"살길이 막막한 상태에서 그런 제안이 어째서 말이 안 되는 소리예요? 고맙기만 한데……."

"에이, 나는 기독교 신잔데 스님 도움을 받을 수가 있나요? 신앙적 양심에 걸려서 안 되지요. 그냥 교회 목사님한테 찾아가볼까 싶기도 하고요."

순간, 속에서 차오르는 욕이 이미 목구멍을 지난 상태였지만 애써 입을 꾹 다문다. 이미 그와 나 사이에 '상담자'니 '내담자'니 하는 치료적 관계는 끝난 것 같지만, 최소한의 도의적 관계는 지켜내야 하지 않겠는가.

술과 범죄의 인과관계를 일률적으로 수치화하지 않더라도, 폭행 범법자의 52퍼센트가 범행 전 24시간 내에 음주를 했다는 통계가 있을 만큼 술은 범죄 현장 가까이에 있다. 실제로 수용자들의 사건 개요에서 '음주 상태'였다는 문구를 발견하는 것은 어려운 일이 아니다. 이런 탓에 나는 음주 상태에서 범죄를 저지른 사람들의 출소일이 다가오면 마음이 조급해진다.

다시는 근처에도 가지 않겠노라는 다짐을 수십 번 해도 끊어내기 쉽지 않은 것이 그놈의 술인데, 주취 상태에서 사고 치고 구속된 것만 벌써 여덟 번째인 김정기가 또 술을 먹겠다고 했을 때는 분노 비슷한 감정마저 올라왔다. 하지만 그것은 단순히 '분개하여 몹시 성을 내는 상태'와는 결이 조금 달랐는데, 그동안 만나면서 미운 정이라도 쌓인 탓인지 안타까운 마음이 들었던 것이다. 한마디로 애가 탔다. 앞으로도 평생 이렇게 살 김정기도 그렇지만, 누가 될지 모를 또 다른 피해자는 대체 무슨 잘못이 있단 말인가! 김정기는 나보다 나이가 열 살 이상 많지만, 이 자리에서 그런 숫자는 무의미하다. 그는 나에게 혼이 난다.

"계속 이렇게 살 거예요?"

"이대로 나가면 여기 또다시 들어올 확률이 얼마나 높은지 알아요?"

"남들처럼 평범하게 살아보고 싶지 않아요?"

"혹시 먹고살 걱정 없는 교도소가 좋아서 일부러 죄를 짓는 거예요?"

연신 호통을 쳐보지만 먹힐 것 같지 않자 급기야 협박까지 하고 나선다.

"여기서 한 번만 더 나를 만나면 가만두지 않을 테니깐 앞으로 어떻게 살지 다시 잘 생각해보세요!"

타인의 재물을 손괴하거나 사람을 해치고 들어온 저 건장한 남자를 내가 가만두지 않은들 어쩔 수 있겠는가마는, 오히려 한 대 얻어맞지 않으면 다행이지만, 적어도 이 순간만큼은 나의 협박에 주눅이 든 것처럼 보이는 김정기다.

물론 내가 처음부터 이런 상담 기법(?)으로 접근한 것은 아니었다. 알코올 중독은 타인의 회유와 협박으로 해결될 문제가 아니기 때문이다. 최소한 스스로 술을 끊고 싶은 마음이 생겨야 한다. 그러기 위해 자신이 원하는 삶 혹은 가치 있게 여기는 삶을 탐색하는 작업이 먼저다. 그리고 지금의 생활 패턴으로는 결코 꿈꾸는 삶을 살 수 없다는 것을 깨닫도록 해서 이상과 현실 사이의 불일치감을 만들고, 내적 갈등이 유발되도록 이끈다. 한마디로, 술 먹는 것이 마냥 좋았던 상태에서 불편해지는 상태로 변화시키는 것이다.

상담을 하다 보면 김정기와 같이 유독 삶에 대한 애착이 없는 사람들을 만나게 된다. 그들에겐 부양해야 할 가족도 없고, 집에서 따뜻하게 반겨주는 사람도 없다. 되고 싶은 것도 없고, 일을 하고 싶다는 생각도 들지 않는다. 심지어 간수치가 천 단위로 뛰고, 복수로 인해 숨이 턱밑까지 차오르며 생명의 등불이 흔들리는 순간에도 가슴속 허기를 채워주는 술잔을 놓지 않는다. 그 길의 끝이 단단한 쇠창살 뒤의 고독이라 해도 상관없다. 어차피 삶을 깊이 있게, 혹은 멀리 볼 필요가 없으니까. 저마다 자신의 인생에 대하여 자포자기하는 태도를 지니게 된 데는 나름의 사연이 있겠지만, 어쨌건 지금은 술과 맞바꿀 수 있는 그 무엇도 존재하지 않는 것이다.

"그래도 먹고살려면 술을 끊고 일을 해야 하지 않나요?"라고 반문하는 사람이 있을지도 모르겠다. 이럴 때 김정기의 대답은 그런 질문의 의도 자체를 무색하게 만들어버린다.

"우리나라는 복지가 잘되어 있어서 굳이 일 안 해도 돼요!"

'기초적인 생활'을 위해서 국가가 지급하는 수급비가 오히려 김정기를 죽이고 있는 실정. 하지만 여기에는 많은 문제가 복잡하게 얽혀 있어 지금 당장 복지 혜택을 중단해야 한다고 단순하게 주장할 수도 없는 노릇이다.

"그래요! 그런데 김정기 님 인생은 그렇다 치고, 피해자는 어떡할 건데요? 지금까지 김정기 님이 저지른 사고 중에 술과 상관없는 게 있었어요?! 김정기 님은 이대로 살다가 죽어도 본인 선택이지만, 피해자는 도대체 뭘 잘못해서 그렇게 당해야 하는 건데요?!"

이런 나의 꾸지람은 그의 답변에 의해 다시 형체도 없이 사라지고 만다.

"에이, 나한테 당하는 사람들도 다 이유가 있어요! 괜히 시비를 걸기도 하고, 내 요구를 바로 안 들어주기도 하고……. 그 사람들만 가만히 있었어도 내가 여기 또 들어오지는 않았을 건데……. 에잇!"

합리화(원초아의 위협적인 충동이 발현되었을 때 초자아가 반발하지 않도록 그럴싸하게 무마하는 것)와 부정(원초아의 위협적인 충동을 불러일으키는 외부의 실재나 사건을 아예 인정하려 하지 않는 것), 투사(원초아의 위협적인 충동이 타인에게 있다고 가정하는 것) 등의 방어기제를 주로 사용하는 알코올 중독자들은 자신이 아닌 외부의 많은 요인이 그들의 삶을 망가뜨렸다고 탓하면서 문제의 본질을 직시하려 들지 않는다. 아들 시험 성적이 나빠서, 직장 상사가 마음에 들지 않아서, 로또에 당첨되지 않아서, 점원이 무시하는 태도를 취해서, 주식이 올라서, 아내의 다정함에 감격해서, 딸이 상장을 받아 와서……. 그것도 아니면, 눈부시게 맑은 날이어서, 구슬프게 내리는 비가 파전을 연상시켜서, 마침 들어간 편의점에 내가 원하는 술이 진열되어 있어서……. 기뻐서, 슬퍼서, 혹은 그냥……. 술을 마셔야 하는 이유는 늘 존재한다. 술을 끊고자 하는 자신의 결단은 단호하고 간절하지만 주변 상황이 야속하게 돌아간다. 즉, 사람들과의 다툼도, 내가 휘두른 폭력의 책임도, 내가 아닌 상대에게 있는 것이다. 그들은 유난히 자신에게만 가혹한 세상이 원망스럽기만 하다.

결국 나는 김정기에게 마지막 카드를 내민다.

"출소하면 어차피 갈 곳도 없고, 일을 할 수 있는 건강 상태도 안 되고, 일을 할 생각도 없으니까, 정신병원에 입원해서

알코올 중독 치료 받으세요!"

그러고는 김정기의 귀휴지에서 찾아갈 수 있는 정신건강복지센터나 중독관리통합지원센터 같은 곳을 소개한다. 물론 김정기는 그런 곳에 절대 가지 않을 것이다. 그래도 여기까지 안내하는 것이 교도소에서 근무하는 나의 몫이다. 이후에는 교도소 밖의 정신건강사업에 바통을 넘긴다. 다음 주자인 지역사회 정신건강사업도 열악하다는 것을 알기에 잔뜩 무거운 마음을 안은 상태로.

우리나라 정신건강복지센터 직원의 약 70퍼센트가 계약·기간제 근로자다. 그마저도 호봉이 많은 경력자들보다는 이십 대의 사회 초년생을 선호하는 경향이 있다. 빠듯한 예산 탓에 경력자의 보수는 부담스럽다. 그렇다면 업무량은 어떨까? 정신건강복지센터는 기존 업무에 더해 사건·사고가 터질 때마다 주먹구구식으로 일더미가 던져지는 탓에 '정신건강 다이소'라는 별명이 붙었다. 정신건강과 관련해서 하지 않는 일이 없다는 뜻이다. 몇 해 전 〈의학신문〉에 난 기사에 따르면, 백 명 이상의 사례관리자를 요원 한 명이 감당하는 지역도 있다고 한다. 이는 그만큼 제대로 관리하지 못하는 대상자가 많을 수밖에 없다는 의미이기도 하다. 여기에 더해 자발적으로 센터를 찾아갈 리 없는 김정기와 같은 대상자까지 가정방문 서비스 명단에 포함시키는 것은 무의미하다. 단순히 관리 대상의 '숫자'가 증가되는 문제 때문만이 아니다. 여성 요원과 이십 대의 비중이 많은 이곳에서 안전장치 하나 없이 출소자를 찾아간다는 것이 어디 말처럼 쉬운 일이겠는가.

치료와 관리가 필요한 정신질환 범죄자는 보호관찰 기간이 끝나도 지자체나 경찰에서 계속 관리하도록 하는 법이 있지만, 지자체에서는 제한된 정보만 제공받고 있으며, 본인이 거부할 경우 서비스를 제공할 수 없는 것 또한 현실이다. 게다가 김정기와 같은 경우는 '치료와 관리가 필요한 정신질환 범죄자' 군에 들어가지도 않는다. 출소와 동시에 그냥 그대로 방치되는 것이다.

음주가 음주로 끝나지 않는 현실에서는 치료적 개입을 심각하게 고민할 필요가 있다. 주취범죄는 반복된다. 광란의 주취자들 모두에게 무기징역을 선고할 것이 아니라면, 이들의 출소와 함께 또다시 시민의 안전이 위협받는 실태를 지나쳐서는 안 된다. '구속'만큼이나 '출소'에 대한 고심도 깊어야 한다. '처벌'과 '교화'를 둘러싼 지난한 논쟁의 궁극적 목적이 '사회 안전'이라면, '치료'와 '회복'에 대한 접근을 간과하는 일은 더더욱 없어야 한다.

술을 끊겠다는 말을 끝내 하지 않고 출소한 김정기가 지금 어디서 무엇을 하고 있는지 알 길이 없다. 건성으로 한 대답이지만 혹여 병원에 갔을지, 돌봐주는 이 하나 없이 자기 몸만 망가뜨리고 있는 것은 아닌지 궁금하다······. 어쨌든 어느 날 갑자기 수용자 교정정보 시스템에 그의 이름이 다시 떠오르는 순간을 맞이하고 싶지는 않다. 더불어 혹시라도 지역사회로 넘기려던 바통이 어디선가 뒹굴고 있는 사이 생겨날지도 모를 새로운 피해가 가슴을 서늘하게 만들지 않기를 간절히 바랄 뿐이다.

PART 3

절망 너머의 희망

엄마의 눈물

"해나 님, 약 드세요~"

"……."

"해나 님?"

약을 받기 위해 내 앞에 서 있는 그녀의 모습은 평상시와는 어딘가 모르게 달라 보였다. 그녀의 순서가 되었고, 그녀의 이름이 불렸고, 주변 사람들은 그녀의 반응을 기다리고 있었다. 그러나 정작 그녀는 그곳에 존재하지 않는 것 같았다.

"해나 님, 약 받으셔야죠. 손 내밀어보세요."

수면 중인 사람을 깨우듯 힘이 들어간 어조로 다시 한 번 그녀를 불렀다. 병실 바닥을 뚫어져라 주시하던 그녀가 서서히 시선을 들어 나를 바라보았다. 이제 됐겠다 싶어 약을 건네려는데 갑자기 내 얼굴에 물이 한가득 뿌려졌다. 순식간에 일어난 일이었다. 약을 먹기 위해 들고 있던 물컵의 방향을 자신의 입이 아닌 내 얼굴을 향해 튼 것이었다. 컵 속에 담겨 있던 물이 내 얼굴에 부딪혀 산산이 부서진 채 흘러내렸다. 놀란 눈으로 그녀를 바라봤을 때 그녀는 알아들을 수 없는 말들을 사납게 쏘아대고 있었다. 나를 정면으로 응시하고 있었지만 내게 하는 말 같지는 않았다. 낭패감에 휩싸인 나는 그 말을 가만히 듣고 있을 수 없었다. 등 뒤에 꽂히는 적대적인 말들을 뒤로하고 화장실로 급히 달려갔다. 문을 닫자마자 눈물이 왈칵 쏟아졌다.

당시 내 나이 고작 스물네다섯. 주변의 반대를 무릅쓰고 정신병원으로 당당히 걸어 들어갔지만 아직 경험이 많지 않을 시기였다. 아니, 직업적 경험을 떠나서 지극히 평범한 삶을 살아온 사회 초년생의 인생에 물세례는 낯설었다. 하지만 왈칵 쏟아진 눈물의 이유가 당혹감이든 서러움이든, 그것을 오래 붙잡고 있을 겨를은 없었다. 그보다는 언제쯤 화장실에서 나가야 할지, 나가게 되면 해나를 어떻게 대해야 할지, 동료 직원들에게는 어떤 표정을 보여야 할지, 우선의 대처를 고민하고 결정해야 했다. 내 감정은 다음으로 미루어도 늦지 않다고 생각했다. 하지만 그렇게 덮어버린 감정을 다시 꺼내어 볼 일은 잘 없었다. 대신 나는 그녀에 대해 자주 생각했다.

155센티미터 정도의 자그마한 키에 마른 체형. 턱선 정도까지 내려오는 단발머리를 유지한 단아한 외모. 이십 대 중반의 나이에도 불구하고 고등학교를 갓 졸업한 학생 같은 느낌. 우발적인 폭력을 심심치 않게 쓰던 비슷한 또래의 영희와 달리 해나는 그렇지 않았다. 자신에게만 속삭이는 목소리에는 늘 화가 잔뜩 나 있었지만 직원이나 환우들을 향해서는 친절한 미소를 잃지 않았다. 사람에 대한 예의가 몸에 밴 그녀는 타고난 성품 자체가 선하고 상냥했다.

◇

그리고 나는 그녀의 어머니를 기억한다. 육십 대처럼 보이는 오십 대의 중년 여성. 딸과 비슷한 길이의 단발이었지만 아직 남아 있는 파마기로 인해 다소 푸석해 보이던 머릿결. 스스로 고생스러웠다고 한탄하며 고백하는 삶과 대비되는 묘한 기품이 인상적이었던 그녀가 내게 찾아와 미안하다고 했다. 그녀는 울지 않고 이야기하는 방법을 몰랐다.

"참~ 예쁜 아이였어요. 먹고살기가 바빠서 다른 집처럼 애를 살뜰히 살펴주지 못했었어요. 어른인 우리는 돈 벌러 나가고 첫째인 해나가 늘 동생들을 돌봤어요. 일 마치고 집에 돌아오면 동생들 밥 먹여놓는 건 물론이고 설거지에 집 청소까지 싹 다 해놓던 애였어요. 그러면서 공부는 또 얼마나 잘했게요. 남들 몇 개씩이나 다니는 학원 한 번 제대로 보낸 적도 없는데 혼자 공부해서 교대를 턱하니 붙은 애예요."

여기까지 말한 어머니가 잠시 말을 멈추고 물 한 모금을 삼켰다. 아니, 눈물을 삼켰던가……. 아픈 딸을 둔 엄마의 마음을 헤아리는 것보다 어떤 어른의 딱한 사정을 들어내는 것이 더 낯설었던 나는, 그녀의 눈물보다는 나의 어색함을 견디기 어려웠다. 뻘쭘함을 견디기 위해 괜히 입을 삐죽거리고 있자니 어머니가 다시 말을 이었다.

"그렇게 단번에 대학에 붙더니 스스로 등록금도 마련하겠다고 아르바이트를 바로 찾아 나서더라고요. '고등학교 졸업하면 누구나 아르바이트쯤 할 수도 있지' 하고 생각하겠지만, 그게 그냥 지 용돈 벌려고 하는 거랑 등록금 벌러 나가는 거랑은 엄마 마음이 달라요. 대학 입학할 때까지만이라도 열심히 놀으라고 하고 싶은데 형편이 어렵다 보니까 그런 말도 못 하고, 내심 한편으로는 부담스러운 걱정을 덜어주니까 고맙기도 하고, 미안하기도 하고, 기특하기도 하고…… 에구……."

울음을 토해내는 긴 한숨이 또다시 공간을 메웠다.

"편의점 아르바이트를 했었어요. 밤 열한 시 전에는 항상 집에 들어오던 애가 하루는 조금 늦게 오더라고요. 그래도 그냥 우리 방에 와서 늦어서 죄송하다고 인사하고 지 방에 들어가길래 대수롭지 않게 생각했어요. 근데 며칠 뒤부터 애가 일하러 나가지를 않더라고요. 그때도 그냥 그런가 보다 했어요. 일이 많이 힘들어서 안 나가나 보다 싶었어요. 돈 벌러 가는 걸 말리지는 못해도 안 나가는 걸 떠밀 수는 없잖아요. 부모가 돼가지고. 그래서 그냥 이참에 좀 쉬는 것도 괜찮겠다고 생각하고 있었는데……. 애가…… 그렇게 살뜰히 동생들을 챙기던 애가…… 동생 돌보기는커녕 집안일도 안 하더라고요. 집안일 안 하는 것 자체가 문제가 아니라, 공부하면서도 일하면서도 챙기던 걸 안 하니까 이상하다 싶었던 거죠. 참…… 엄마라는 사람이 그렇게 둔할 수가……. 어휴……. 동생들 말 들으니까 지 누나가 방에서 안 나온 지 꽤 됐다고 하더라고요. 우리는 일 다닌다고 몰랐는데……. 아니, 무심했던 거죠. 어미가 돼서는 그냥 그저 잘 있겠거니…… 아이고……."

깊고 깊은 한숨은 이미 어머니의 습관이 되어버린 것 같았다. 속에 차오르는 무언가를 주기적으로 배출해줘야만 하는 사람처럼, 어머니는 그렇게 중간중간 말을 쉬었다.

"동생들 이야기를 듣고 나서야 방문을 열어봤어요. 진짜 엄마 자격 없죠."

어머니는 그런 자신이 어이없다는 듯 피식 실소를 터트린 뒤 다시 말을 이었다.

"방문을 열었는데 기가 찼어요. 어질러진 방은 둘째 치고 냄새부터 훅 들어오는데……, 그걸 무슨 냄새라고 해야 할지……. 더 무서웠던 건 해나가 보인 모습이에요. 지 방에 아무도 없는데 누구랑 이야기를 하는지…… 막 따지는 거 같았는데, 잠깐 동안은 내가 방에 들어왔는지도 모르는 거 같더니 조금 있으니까 정신 차리고 나를 똑바로 쳐다보더라고요. 너무 놀래서 아무 말도 못 하고 있는데 경찰한테 전화가 왔어요. 이건 또 무슨 일인가 싶었죠……."

딸이 보인 모습과 경찰의 입에서 나온 '성폭력 피해자'라는 말을 이해하는 데는 오랜 시간이 걸렸다. 편의점 CCTV에 고스란히 담겨 있던 당시 상황은 여전히 입에 담을 수 없을 만큼 끔찍했다.

애초에 사과를 받아야겠다는 생각조차 하지 않은 나에게 굳이 사과를 하러 오신 어머님의 수고는 이후로 나를 몹시 불편하게 만들었다. 그 당시에는 끔찍한 일을 당한 부모의 마음을 감히 헤아려주지 못한 미숙함이 죄송스러웠고, 지금은 그

끔찍한 일을 저지른 사람들의 정신건강 증진을 위해 일하고 있는 것이 죄송스러웠다.

⊠

  나는 오늘도 죽고 싶다고 하소연하는 범죄자에게 살아내라고 말해주었다. 자신을 쓰레기라고 자책하는 범죄자에게 죄와 자신을 분리하라고 말해주었다. 사회 복귀를 앞둔 범죄자가 여전히 '피해자 공감하기'에 실패하고 있지만 나는 무능력하기만 하다. 초등학교 선생님이 되고, 부모님의 자랑스러운 딸이 되고, 든든한 누나가 되고, 예쁜 가정을 새롭게 이루었을 해나의 삶이 순식간에 망가졌다. 눈물로 범벅이 된 긴 이야기 끝에 아픈 딸의 행동을 이해해달라고 간청한 어머니에게 내가 하는 일을 이해해달라고 긴 이야기를 들려주어야만 할 것만 같았다. 그렇다고 동조해달라고 감히 떼를 쓸 수는 없다. 오로지 피해자이기만 했던 해나와 달리 이 업業을 유지하기로 한 것은 오로지 나의 의지가 깃든 선택이기 때문이다.

  해나가 잘 살고 있다는 소식을 들으면 조금은 편해질 수 있을까? 나는 해나가 온전히 회복된 삶을 살고 있기를 간절히 원한다. 성폭력 피해로부터 생존했으나 근근이 연명하기만

하는 인생이 아니길 소망한다.

그러나 어쩌면 이 바람 역시 지금 내가 하는 일을 계속하겠다는 고집에서 나온 얄팍한 변명에 지나지 않을지도 모른다. 나는 끊임없이 해나와 그 가족에게 죄를 짓는 것만 같다. 그럼에도 불구하고 나는 사죄의 방법으로 이 일에 대한 오기를 부려보려 한다. 아련하고 아득한 기억이 아닌 눈앞의 사진을 보는 것처럼 생생한 해나의 모습을 가슴의 응어리로 품는 것을 마다하지 않고 싶다.

해나를 기억하는 것은 피해자의 고통을 간과하지 않겠다는 다짐이 되어 다시 나의 내담자에게로 연결된다. 한 인격체를 마법처럼 뚝딱 변화시킬 수 있는 능력은 없지만 버티고 버텨볼 생각이다. 무너진 피해자의 삶보다는 자신의 감옥살이를 더 염려하는 내담자의 귓가에 피해자의 곡소리가 스치는 그날까지.

생육하고
번성하라

> "하나님이 그들에게 복을 주시며 그들에게 이르시되, 생육하고 번성하여 땅에 충만하라, 땅을 정복하라, 바다의 고기와 공중의 새와 땅에 움직이는 모든 생물을 다스리라 하시니라."(창세기 1장 28절)

"도저히 이해할 수가 없습니다. 저는 창세기의 말씀을 따랐을 뿐입니다. 하나님은 분명히 우리 인간더러 생육하고 번성하라고 하셨어요. 땅에 충만하라고 하셨고, 그리하여 모든 생물을 다스리라고 하셨어요. 저는 그 말씀을 행한 것뿐입니다."

나는 지극히 단호한 어조로 자신의 생각을 꺼내놓는 중년의 남성 조민구를 조용히 바라보았다.

"제 딸들이 저를 배신했습니다. 아버지로서 하나님의 뜻을 전하고 가르쳤는데, 결국 저를 신고하다니요. 제가 지금 이 자리에 앉아 있는 것이 공의롭다고 생각하십니까?"

어릴 때부터 아버지에게 성폭행을 당하던 두 딸은 성인이 되어서야 조민구를 신고했다. 친부의 악행을 고발하기까지 그녀들이 겪었을 끔찍한 괴로움과 끝없는 두려움은 굳이 설명을 필요로 하지 않았다. 하지만 내 눈앞의 남성은 답답함과 억울함에 치를 떨며 딸들을 원망할 뿐이었다.

욕지기가 올라오는 것을 꾸역꾸역 참아내며 읽어 내려간 조민구의 사건 개요가 머릿속에 떠오른 나는 그의 태도에 다시 한 번 치가 떨렸다. 하나님의 창조 질서를 반영한 축복의 말씀이 왜곡된 신념으로 범죄를 옹호하고 있는 현장에서 사용되는 것이 기독교 신앙을 가진 나에게는 특히나 더 불편했다. 따뜻하고 달콤한 커피 향으로 한층 더 아늑하고 차분해진 상담실 공기가 지나치게 이질적이었다. 그곳에 앉은 우리 두 사람은 각자의 생각으로 마음이 한껏 산란해져 있었다. 나는 창문에 드리워진 블라인드 사이로 스며드는 빛을 잠시 바라본 뒤에 나의 내담자를 마주했다.

"신의 명령에 순종하기 위해 딸들에게 그런 행동을 했다는 것이군요?"

"그렇습니다. 저는 제 믿음을 지키기 위해서 최선을 다했습니다."

"하나님의 뜻에 대한 확신이 아주 강하신 것 같네요. 그런데 그 과정에서 따님들이 느꼈을 감정이나 입장에 대해서 생각해본 적은 있으신가요?"

"저를 신고한 것만 봐도 알 수 있듯이 아이들이 조금 모자랍니다. 제가 왜 그러는지 수차례 설명했는데도 이해를 잘 못하더라고요. 그 애들이 하나님의 뜻을 헤아릴 수 있었다면 우리의 행위를 영광으로 여겼을 겁니다. 동정녀 마리아도 처녀의 몸으로 예수님을 잉태할 것이라는 말을 들었을 때 처음에는 '내가 남자를 알지 못하는데 어떻게 그런 일이 있을 수 있냐'고 반문했지만, 곧 그것을 은혜로 받아들였지요. 우리 애들도 지금은 잘 몰라서 제 아버지를 교도소에 넣었지만, 말씀을 깨닫고 나면 자기들이 은혜를 받았다는 걸 알게 될 겁니다."

"성경에 나오는 '생육하고 번성하라'는 말씀의 뜻이 정말 그런 의미일까요? 따님들이 고통을 느끼고, 당신을 신고할 수밖에 없었다는 점에서 무언가 잘못된 부분이 있다고 느껴지지 않으시나요?"

"아까도 말씀드렸다시피, 그건 아이들이 아직 진리를 깨닫지 못했기 때문입니다. 저는 제가 해야 할 일을 했고, 제 믿음은 변함이 없습니다."

벽에 부딪히는 느낌이었다. 단단히 뒤틀린 그의 파괴적 신념에는 조금의 빈틈도 보이지 않았다. 조현병 환자들에게서 흔하게 보이는 종교 망상에 대해 더 깊이 생각하지 않을 수 없었다. 현실과 환상을 구분하는 것에 어려움을 겪는 환자들은 자신이 신적 존재와 특별한 관계를 맺고 있거나 신성한 사명을 감당해야 한다고 믿는 경우가 많다. 이러한 망상은 종교적 믿음과 밀접한 연관이 있지만, 그것이 참된 신앙이나 영적인 체험을 반영한다고 보기는 어렵다. 인간성을 회복하고 사랑과 정의를 실현해야 하는 신앙이 폭력과 억압의 도구로 변질된 현상에 기독교가 주로 등장한다는 사실은 나를 좀 더 깊은 고민으로 이끌었다.

개신교 20퍼센트, 천주교 11퍼센트, 불교 17퍼센트, 기타 종교 2퍼센트라는 종교 인구 통계는 2024년 '한국리서치 정기조사 여론 속의 여론'에서 나타난 결과이다. 이는 기독교가 가장 대중적인 종교로서, 망상에 사용될 가능성 또한 높다는 점을 시사한다. 특히 성경의 상징적 서사구조나 초자연적 경험은 현실과 비현실의 경로에서 혼란을 겪는 정신질환자들이 자신을 이해하고 세상과의 관계를 재구성하려는 몸부림을 용이하게 할 것이었다. 20세기 정신과 의사였던 실바노 아리에티Silvano Arieti에 따르면 망상은 고통스러운 감정이 현실과의 타협마저 불가능해질 때 형성된다. 여기에 더해 지그문트 프로이트Sigmund Freud는 〈질투, 편집증 그리고 동성애의 몇 가지 신경증적 메커니즘〉에서 투사라는 용어와 함께 망상을 설명했다. 도저히 자신의 것으로 받아들일 수 없는 충동이나 생각을 외부의 것으로 돌려버리는 투사라는 방어기제와 종교의 조우는 효과적인 자기 정당화의 수단이 되어준다. 특히 기독교의 신, 천사, 악마, 구원, 심판과 같은 매우 강렬하고 상징적인 개념은 인간 사고의 한계마저 초월한다.

조민구 역시 자신을 창세기의 말씀을 실천하는 도구로 여겼고, 자신의 행위가 신성한 의무라고 믿었다. 하지만 이것은 병적 상태에서 비롯된 잘못된 해석일 뿐이었다. 그의 사고는 논리적 일관성을 상실했고, 자신과 타인의 고통을 제대로 인식하지 못하고 있었다. 나는 그의 해석이 보편적이지 않다는 점을 일깨우기 위해 다시 질문했다.

"당신이 이해하는 창세기의 말씀은 다른 사람들에게도 같은 방식으로 해석되나요?"

"아니요. 사람들은 저를 비난해요. 그래서 너무 혼란스러워요. 뭐라고 말로 설명하기는 어려운데 저는 제가 하나님이 만들어놓은 시나리오 속에서 움직이고 있다는 느낌이 들거든요. 근데 사람들 말을 듣다 보면 이게 착각인가 싶어서 혼란스러울 때도 있어요."

"혼란스러우시다니, 그 말씀이 무척 중요하게 들리네요. 하나님이 당신에게 기대하시는 것과 지금까지의 행동이 일치할까요?"

나는 '혼란스럽다'로 표현된 틈을 놓치지 않았다.

"인간이 생육하고 번성할 수 있는 다른 방법이 있습니까?"

"생육과 번성은 단순히 자손을 낳는 것을 넘어, 인간성과 공동체의 풍요로움을 의미하는 것 아닐까요? 생명을 소중히 여기고, 서로의 권리를 존중하고, 조화를 이루어가는 것이죠. 인간은 하나님이 창조하신 세상에 대한 관리자로서 책임과 사랑을 가지고 있어야 한다고 생각합니다. 성경 전체를 관통하는 사랑과 정의를 무시해서는 안 될 것 같습니다. 제 생각은 이런데, 당신이 믿는 하나님은 인간의 질서와 정의는 무시해도 된다고 하시나요?"

중립적 입장을 잃고 논쟁적으로 치닫는 나 자신이 느껴졌지만, 기어이 속에 있는 말들을 뱉어냈다.

"그런 것은 아니지만, 때로는 개별적으로 주어지는 계시들이 있습니다. 지금 제가 교도소에 온 것도 예수님이 십자가에 못 박히신 고난과 같은 것이라는 생각이 들기도 합니다. 그렇다면 저 역시 예수님을 본받아 기꺼이 박해의 시간을 견뎌야 겠지요."

속이 울렁거리며 참기 힘든 불쾌감이 밀려왔다. 안경을 쓰고 손에 성경 책을 든 조민구가 점잖게 내뱉는 말들은 억누르고 있던 내 안의 분노와 회의를 한꺼번에 끌어올렸다.

나는 조민구와의 만남을 포기했다. 울렁거림으로 반응하는 거부감을 감출 자신이 없었다. 하지만 그와의 만남이 가져다준 여운은 길었다. 신앙과 정신질환의 경계는 때로는 희미하고, 그 속에서 인간의 고통은 복잡하게 얽혀 있었다.

> 어린 시절 조민구의 가족은 평범했지만, 서로에게 무관심했고 대화는 거의 없었다. 그 역시 워낙에 말이 없는 성격으로 학교에서나 집에서나 늘 혼자였다. 학교 성적도 그리 좋지 않았던 그는 고등학교를 중퇴하고 집을 떠나 금속을 가공하는 작은 공장에서 일을 시작했다. 단순 반복 작업이 많은 곳이었지만 그의 손에는 쉬이 익지 않았고 실수가 많았다. 경력이 쌓여가도 그를 향한 질책은 줄어들지 않았다. 그 와중에 맞선을 통해 결혼을 하게 되었는데 아내 역시 무뚝뚝하고 벌이가 시원찮은 그를 비난하기 일쑤였다. 설상가상으로 직

장에서 적응하기 어려워 일을 그만둔 조민구는 다시 직업을 구하려는 노력조차 하지 않았다. 자연스럽게 아내가 집안의 가장 역할을 맡아야 했지만, 그는 집안일도 하지 않았다. 그렇게 아내가 돈을 벌기 위해 나간 집에는 그와 어린 두 딸만 남게 되는 날이 많았다.

조민구가 종교를 가지게 된 것은 큰딸의 초등학교 입학식을 한 달쯤 앞두었을 때였다. 아내의 심부름으로 딸의 실내화를 사러 가던 길, 어느 교회에서 나온 무리로부터 전도지를 받아 들었다.

"하나님은 당신을 사랑하십니다. 당신은 하나님께 특별한 존재입니다."

마침 수요예배가 있던 그날 저녁, 조민구는 망설임 없이 예배당으로 향했다. 그리고 그가 열심을 내어 교회에 다니기 시작한 어느 날부터 큰딸은 아버지 방으로 불려 들어갔다.

당시 딸의 나이는 고작 아홉 살이었다. 초경도 시작되지 않은 아이를 범하며 '생육하고 번성하라'는 말씀을 실천하려 했다는 주장은 처음부터 앞뒤가 맞지 않았다.

조민구의 조현병이 발병한 시기를 정확하게 알 수는 없다. 성폭행을 망상의 시작 시기라고 단언할 수 없고, 망상의 시작이 조현병의 시작이라고 단언할 수도 없다. 그가 직장을 잃고 집 안에만 있을 때부터였는지, 그 이전이었는지, 그의 진술만

으론 명확하게 확인하기 어려웠다.

신앙을 통해 무가치감을 극복하려 했다거나, 사회적 고립이 내면 세계를 강화했다거나, 가정 내에서 결핍된 애정을 하나님의 사랑으로 채우려 했다거나, 삶의 통제력을 상실한 경험이 신의 사명을 덧입고 딸들을 통제하는 행위로 나타났다는 등의 가정을 세워볼 수 있겠지만, 그 이해는 어딘가 흐릿했고, 내 안에 또렷하게 자리 잡고 있는 저항감은 그를 더 깊이 이해하기 위해 마음을 쓰고 싶지 않다는 감정으로 이어졌다. 그럼에도 불구하고 이 사례는 계속해서 나를 붙들었고, 결국 나는 그를 다시 들여다보지 않을 수 없었다.

조현병 환자의 종교 망상이 드문 사례도 아닌데, 이 남성에게서 유난히 강하게 느껴지는 반감의 이유에 대해 스스로 성찰하지 않을 수 없었다. 그 이유를 곰곰이 되짚어보았다. 우선 너무나 선명하게 묘사된 사건의 날들에 대한 기록을 비웃기라도 하듯 무구한 표정으로 "나는 정말 이것이 왜 죄인지 모르겠습니다!"라고 말하는 그의 태도가 문제였다. 또한 내가 믿는 신이 그의 더러운 욕망을 채우는 용도로 사용되었다는 모욕감도 한몫하고 있었다. 그 느낌이 내 몸을 징그럽게 휘감는 것만 같았다. 하지만 본디 종교라는 것은 인류의 역사와 함께 시작되었다. 원시 시대 두개골에서 발견된 트레파네이션

trepanation(두개골에 구멍을 뚫는 과거의 외과적 처치로, 고대와 중세에 정신질환을 치료하거나 악령을 쫓기 위한 방법으로 사용되었다) 흔적을 보면, 당시에도 정신질환을 악령 들림 같은 초자연적 현상으로 해석했음을 알 수 있다. 이를 떠올려보면 종교와 정신질환은 애초부터 분리할 수 없는 관계였는지도 모른다. 그는 그러한 연결 속에 놓인 수많은 사람 중 한 명일 뿐이었다. 조민구의 마음이 깨어지기 전에 무너져버린 사회적 관계와 무능함 속에서 느꼈을 무가치감이 신앙마저도 파괴할 수 있다는 점을 받아들여야 했다. 그러나 나는 여전히 불편하고 불쾌했다. 그의 딸들이 느꼈을 수치심과 공포가 내 안에서도 파문처럼 번지는 것 같았다.

꼬리에 꼬리를 무는 생각 끝에, 종교와 정신질환, 그리고 도덕적 타락이 복잡하게 얽힌 이 사건에서 조민구의 범죄가 하필 성폭력이었다는 점이 더욱 나를 뒤틀리게 했다는 것을 깨달았다. 이 지점이야말로 그의 정신세계를 다시 들여다봐야 할 이유였다. 성폭력이라는 범죄는 그의 비틀린 세계관과 단단히 엮여 있었기 때문이다. 나는 이 점을 중심으로 그를 다시 이해해보려 했다. 단지 그를 위해서가 아니라 이 사건이 내 안에 불러온 번뇌를 풀기 위함이었다.

조현병으로 인해 충동 조절 능력이 약화되었을지도 모르는 조민구는 성적 욕구와 신의 사명을 받았다는 과대망상을 결합시켰다. 절대적인 권위를 부여받은 그에게 성폭력은 단순한 성적 충동을 넘어 권력과 우월감을 증명하는 행위였다. 그는 실제적인 가장으로서 자신을 경멸하고 무시하는 아내를 통제할 수 없다는 사실을 무의식적으로 인식하고, 딸들을 소유물처럼 여겨 그들을 지배의 대상으로 희생시켰다. 이 과정에서 발생한 윤리적 갈등은 그가 신의 뜻을 따른다는 믿음으로 해결되었다.

여기까지 생각이 정리되자, 나는 딸을 성폭행한 범죄자가 아닌, 병든 한 사람을 바라봐야 했다는 자각이 들었다. 그리고 우리는 다시 만났다.

혼란이 정리된 나는 내 눈앞의 환자를 가만히 바라보았다. 더 이상 그의 신념을 논박하거나 설득하려는 마음은 없었다. 분노와 혐오감이 떠올랐던 자리에 초라하고 아픈 한 인간을 두었다. 그가 처한 현실, 그의 어두운 마음을 조금이라도 헤아리기 위해 다시 질문을 던졌다. 지난 상담 때와 비슷하면서도 분명히 어딘가 달라진 대화가 오갔다.

"당신은 하나님의 시나리오 속에서 움직이고 있다고 하셨습니다. 그렇다면 지금 이 순간 하나님은 당신에게 무엇을 기대하고 계신다고 생각하세요?"

"고난을 견디고 끝까지 믿음을 지키는 것 아닐까요? 예수님도 십자가를 지셨으니까요."

조민구의 목소리는 차분했지만, 여전히 확신에 차 있었다. 나는 그의 시선을 똑바로 마주하며 말했다.

"그렇다면 그 고난 속에서 다른 사람들에게 준 고통에 대해서도 돌아보는 것이 하나님의 뜻일 수 있지 않을까요? 하나님은 사랑의 하나님이고, 정의의 하나님이시니까요."

조민구는 다시 침묵했다. 그 침묵 속에서 나는 그의 마음 어딘가에 작은 균열이 생기길 바랐다. 그가 바로 대답하지 않아도 괜찮았다. 중요한 것은 지금 이 순간, 내가 그를 인간으로 대하고 있다는 점이었다. 나는 그를 이해하려 노력하며, 동시에 그에게 책임을 묻고 있었다.

"지난번에 당신이 창세기의 말씀을 이해하는 방식과 다른 사람들이 이해하는 방식이 달라서 혼란을 느낀다고 말했던 것 기억하시나요?"

"그럼요. 아직도 사람들은 저를 비난하고 있으니까요. 제가 이상한 건지, 그 사람들이 하나님의 대의를 이해하지 못하는 건지……."

"그 혼란스러운 마음이 바로 하나님의 메시지일 수도 있지 않을까요? 하나님은 당신에게 딸들의 고통을 보게 하심으로써, 당신이 무엇을 해야 하는지 알려주고 계실지도 모릅니다. 당신이 정말 하나님의 뜻을 따르길 원한다면, 그 혼란을 외면하지 말아야 할 것 같습니다."

조민구는 아무 말 없는 가운데 조용히 고개를 끄덕였다. 그것만으로도 괜찮았다. 그가 망상의 굴레에서 완전히 벗어나려면 분명히 오랜 시간이 걸릴 것이다. 그러나 오늘 나는 작은 씨앗 하나를 심었다는 희망을 품었다.

상담이 끝난 뒤, 조민구가 떠나고 없는 빈자리를 한참 동안 응시했다. 나는 그를 병마에 시달리는 한 인간으로 바라볼 수 있었다. 변질된 신앙과 범죄로 인한 적의와 경멸을 넘어 눈앞의 한 사람을 하나님의 사랑 안에서 회복될 수 있는 가능성으로 바라보는 것. 그것이 내 믿음이었고, 내가 이 일을 계속할 수 있는 이유였다.

내 마음 한구석에는 여전히 불편함이 남아 있었지만, 그것 또한 내가 마주해야 할 엄연한 현실이었다. 나는 깊은숨을 들이마시고 다시 다음 번 내담자를 맞을 준비를 했다. 상담자로서, 그리고 한 인간으로서.

흩날리는
말조각들

"보호실에서 지낼 때 불편하거나 힘든 점은 없으셨어요?"

"보호실 생활이 힘들기는 하죠. 하지만 인생에는 고난도 필요하잖아요. 예수님이 십자가에 못 박히신 고난 같은 거요. 내가 어릴 때 우리 엄마가 그랬거든요. 보통 아이들이 그렇잖아요. 그러고 보면 학교 선생님들도 대단하신 거죠. ○○○ 정부 때 교육부 장관이 대단한 사람이었어요. 내가 신의 계시를 받는 사람이라는 걸 알아내더라고요. 나의 이 엄청난 수학적 사고력이 기도하면서 생긴 건데, 그때부터 머릿속 생각이 멈추지를 않아요. 이 세상을 다시 재건해야 하는 임무가 맡겨졌어요. 노아의 방주와 똑같은 배를 만들어야 해요. ……아! 내가 무슨 말을 하려고 했더라?"

"보호실에 가 있는 동안 힘든 점이 없었는지 물었어요. 그에 대한 답을 하려고 고난을 언급하셨고요."

"아! 맞다! 그렇죠. 음……, 그러니까 보호실에 가면 TV도 볼 수 없어요. 우리나라 TV 만드는 기술이 엄청 뛰어나거든요. 결국 사람들이 만들어낸 이야기가 TV에 나오는 건데, 이따금 TV가 내 생각을 읽어내는 경우가 있어서 당황스러워요. 어쩌다가 나한테 이런 일이 생겼는지 모르겠어요. 내 수학적 능력이 TV 만드는 것뿐만 아니라 건물 짓는 데도 필요해요. 잠실에 있는 롯데월드타워 지을 때 귀찮을 정도로 연락이 자주 왔었죠……"

맥락 없이 이어지는 노영민의 이야기 탓에 끝내 나는 정작 보호실 사용의 불편에 대해서는 제대로 된 답을 듣지 못하고 대화를 마무리했다. 저만치 속도를 내 달려가는 노영민의 머릿속 흐름을 따라잡기 위해 나름 전력 질주를 해보았지만 쉽지 않았다.

"도대체 저런 사람들이랑 무슨 이야기를 한 시간씩이나 해요?"

상담 내내 문밖에서 노영민을 경계하며 지키던 직원이 지루한 기색을 감추지 않으며 물었다. 하지만 그의 질문은 비난이 아닌 편견과 무관심에 가까웠다. 한두 번 들은 질문이 아니기에 나의 대답은 어느 정도 정해져 있었다. 이 물음은 질문자만 바뀐 채 끝없이 반복되고 반복되었다. 너무 익숙해져버린 나머지 더 이상 당황스럽거나 낯설지 않아 씁쓸해진 물음에 나는 다시 답했다.

"왜요? 할 이야기가 얼마나 많은데……. 과장을 좀 섞자면 오늘만 해도 주제가 50가지 정도는 나온 것 같은데요?! 그걸 하나씩 풀어가려면 최소 50번 이상은 만나야 할 것 같아요."

말은 이렇게 했지만 한 주제씩 다루어나가는 일이 녹록지 않으리라는 걸 잘 알았다. 만약 50회의 상담을 한다면 한 회에 한 가지 주제가 아니라, 50가지 주제를 50번 반복하게 될 것이었다. 그럼에도 나는 노영민의 이야기를 잘 들으려고 노력했다.

"무슨 말도 안 되는 소리야! 되지도 않는 말 그만해!"

노영민이 누군가에게 수없이 들었을 이 말을 또다시 반복해 들려주고 싶지는 않았다. 입을 닫게 만드는 반응을 겪으며 자신만의 세계로 한없이 숨어 들어갔을 그였다. 그렇게 세상 밖으로 내몰린 은둔자는 아무도 모르게 소멸 상태에 이르고 있었다. 이상한 말을 할 것이라는 애초의 기대를 내려놓으면 어렴풋하게나마 그의 마음이 보였다. 보호실 생활이 힘겨웠는지 어떤지에 대해서는 끝내 듣지 못하겠지만 '엄청난 수학 능력'이라는 표현으로 덮어버린 자신의 무가치감에 대한 역설이 언뜻 엿보인 것도 같았다.

겨울비가 추적추적 내리던 그날도 우리는 마주 앉았다. 여느 날에는 보이지 않던 심각한 표정의 노영민은 어쩐지 슬픔에 차 있었다.

"무슨 일 있으셨어요?"

그의 안색을 살피며 조심스럽게 물었다.

"후회해요……. 그날 밤을 후회해요."

"그날 밤이요?"

"네, 사건이 있던 날이요. 할아버지 목을 조르던……."

예상하지 못한 전개에 나는 적잖이 당황했다. 노영민의 답변이 동문서답이 아니어서 놀랐고, 내용의 무게에 다시 한 번 놀랐다. 범죄 사건과 관련된 주제는 이야기를 듣는 나도, 이야기를 하는 당사자도, 양쪽 모두 충분히 준비가 되었다고 판단될 때 화두에 올리는 것이 보통이었다.

"그날 이야기를 해도 괜찮겠어요?"

갑작스러운 심경 고백에 염려를 담아 물었다. 살인 장면을 떠올려야 해서일까? 대답을 대신하는 그의 미소가 비장하게 느껴졌다. 달콤한 믹스커피 향이 오래된 시멘트벽의 눅진한 곰팡내와 어우러지며 교도소 특유의 분위기를 피워내고 있었다. 그의 다음 반응을 예측할 수 없어 나는 조금 긴장했다. 말의 내용에 따라서 행동도 덩달아 어느 쪽으로 튈지 몰랐다. 노영민의 시선을 피하지 않고 나도 그를 지그시 응시하고 있었지만 머릿속은 분주하게 돌아갔다. 노영민이 과거의 행동을 후회하며 갑자기 자해라도 하면 어쩌지? 큰 소리로 엉엉 울어버리는 것은 아닐까? 지금은 차분해 보여도 밤에 잠 못 이루고 소란을 일으키지는 않을까? 머릿속에서 수많은 시나리오를 그리고 있을 때 그가 불쑥 대답을 내놓았다. 평소처럼 엉뚱하지 않았고, 도리어 내 질문에 아주 적합한 대답이었다. 그리고 그 답변에 나는 그만 숨이 멎는 것 같았다.

"그럼요. 그 이야기가 너무 하고 싶었는걸요. 드디어 내 이야기를 들어줄 사람을 찾았어요."

'아아……'

홀로 그 장면을 품고 있기 버거웠을 노영민의 시간을 생각하니 가슴이 먹먹해졌다. 진작 물어봐주지 못한 것이 미안했다. 어쩌면 나도 마음 한구석으로는 그가 말도 안 되는 소리를 하고 있다고 여겼던 것은 아닐까. 그의 이야기를 정성껏 듣는다고 나 스스로를 기만하고 있었던 것인지도 몰랐다. 미안하고 부끄러운 마음을 채 수습하기도 전에 이미 그의 이야기는 시작되고 있었다.

"할아버지 친구들이 집에 놀러 오셨어요. 보통은 집에 손님이 오는 경우가 별로 없었는데……, 무서워서 방 안에서 숨죽이고 가만히 있었죠……."

노영민의 말이 한 번에 죽 이어지지 못하고 드문드문 끊어지기를 반복했다. 정적이 조금 불편하게 느껴지려고 할 때쯤, 이미 차갑게 식어버린 믹스커피를 한 모금 들이켠 그가 다시 말을 잇기 시작했다.

"화장실이 너무 급해서 결국 참지 못하고 거실로 나갔어요. 어른들이 계시니 인사를 하려고 입을 뗐는데, 갑자기 할아버지가 나 같은 놈 말은 들을 게 없다고……. 어쩌면 그때 왔던 할아버지 친구들은 내 생각을 빼내려고 정부에서 파견한 사람들일지 몰라요. 그래서 할아버지가 내 입을 막았을지도 모른다는 생각이 이제야 들어요. 나는 그것도 모르고 할아버지가 또 나를 무시한다고 생각하고……. 평소에도 할아버지는 내가 말하는 걸 싫어했거든요."

노영민의 쓸쓸한 눈빛을 보며 나는 내 말을 들어주는 이가 아무도 없는 세상에 대하여 생각해보았다. 그러자 어린 시절의 한때가 떠올랐다.

중학생이던 당시 내게는 단짝 친구 한 명이 있었다. 둘이 늘 붙어 다니다 보니 자연스레 서로의 집을 오갔고 서로의 가족에 대해서도 잘 알게 되었다. 친구에게는 언니가 한 명 있었다. 하지만 내가 집에 놀러 갈 때마다 항상 외출 중이어서 한 번도 얼굴을 볼 수 없었다. 친구 언니와 내가 첫 대면을 하게 된 곳은 친구의 집이 아닌 어느 작은 교회였다. 수화를 배워보자는 친구의 제안에 따라서 간 그곳은 청각장애인이 많이 다니는 교회였고, 친구의 언니도 그중 한 명이었다. 언니와 10년을 넘게 살았지만 수어를 하지 못한다며 멋쩍어하던 친구가 이제는 언니의 언어를 배우고 싶다고 고백했다. 우리는 무엇이든 함께하는 사이였으므로 그 또한 예외가 될 수는 없었다.

우리가 등록한 초급반 과정의 첫 시간 수업 내용은 자기소개였다. 이름 석 자를 쓰기 위해 수십 획의 자음과 모음 하나하나를 손가락으로 표현해내야 하는 지화라는 게 신기하고 재미있기도 했지만, 아무래도 서툰 나로서는 답답할 수밖에 없었다. 하지만 친구는 언니와 함께 산 세월 덕분이었는지 옹알이 수준의 나와 달리 차원이 다른 실력을 보여주었다. 그럼에도 나는 수화 수업을 들으러 가는 것이 좋았는데, 내 즐거움의 진짜 이유는 새로운 언어를 익히는 것에 있지 않았다. 시선을 떼기 어려울 정도의 미모를 소유한 친구 언니는 미소마저 너무 예뻐서, 보고 있는 것만으로도 상대방에게 행복감을 주는 사람이었다. 그런 언니 곁에는 남자친구가 항상 함께였는데, 그 역시 청각장애인이었다. 들을 수 없고 말할 수 없는 연인은 서로의 입술 모양을 읽기 위해 흡족히 상대를 바라봐주었고, 마음과 감정을 표현하기 위한 표정 또한 매우 풍부했다. 서로의 얼굴에서 시선을 떼지 않으면서도 그 복잡하고 현란한 손놀림을 다 읽어내는 것이 한편으로 대단해 보이기도 했다. 30년이 지난 지금까지 내가 그들의 모습을 바로 눈앞에 있는 것처럼 떠올리는 건, 그때 수화가 세상에서 가장 아름다운 언어라는 걸 인식했기 때문일 것이다.

'당신의 이야기를 들을 준비가 되어 있습니다. 당신의 마음을 충분히 그리고 가만히 듣겠습니다.'

서로에게 온전히 시선을 두지 않고는 성립 불가능한 그들의 소통 방식은 들을 수 있고 말할 수 있는 사람들의 소통 방식보다 더 큰 애정을 머금고 있는 것만 같았다.

만약 지난날 노영민의 이야기를 온전히 들어주는 사람이 있었다면 상황이 조금 달라졌을까? 들어주는 이 없어 허공에 흩어져버린 숱한 말 조각은 결국 날카로운 상처가 되어 그의 입을 굳게 닫아버렸다. 어쩌면 청각장애인의 소통 방식처럼 그에게 시선을 두고 그의 입술에서 나오는 말을 놓치지 않으려 주의를 기울이고 손짓 하나까지 신경 쓰며 귀 기울여주는 단 한 사람이 그에겐 절실했을지도 모르겠다.

마음을 어지럽히는 생각을 떨쳐버리고 나는 내 눈앞의 현실을 바라봤다. 어쨌건 우리가 마주하고 있는 이 자리는 죄인을 가두어 두는 감옥 안이었다. 정신질환 발병, 주변의 한숨과 무시, 사회적 고립……, 그리고 이 순환의 어느 자리를 차지하게 될 수도 있는 범죄, 아울러 이 순환의 어느 자리를 반드시 차지했어야 할 적절한 치료.

조현병 당사자를 보호하기 위해 모인 사람들은 좋은 사람이 곧 좋은 치료라고 믿는다. 어느 정신장애자의 말을 빌리자면 '내 옆에서 오랫동안 꾸준히 내 이야기를 들어주는 사람'이 좋은 사람이었다. 당사자들에게 좋은 사람이고 싶은 나는 필담을 나누듯 그의 언어를 눈으로 새겼다. '들어주기'는 정신질환 발병, 주변의 한숨과 무시, 사회적 고립……이라는 징글징글한 연결고리에서 '사회적 고립'의 단계를 끊어낼 수단이 된다. 동문서답 속에서 뜻을 알 수 없는 단어들의 비행만 무수히 반복되는 지난한 상담이 되더라도 내가 그것을 포기할 수 없는 이유이다.

그들의 언어를 이해하려는 노력은 단지 그들의 사고 속도를 따라잡기 위한 전력 질주가 아니라 그들이 속한 세상으로 성큼성큼 걸어 들어가는 일이다. 노영민은 매번 맥락 없이 이어지는 대화 말미에 절대로 감사 인사를 빠뜨리지 않았다. 어쩌면 그 간단한 감사는 이제 더 이상 은둔하지 않아도 된다는 안도감의 표현이었을지도 모르겠다.

지리분산한 그의 말들은 크게 달라지지 않았지만, 은둔의 벽을 넘어선 그는 나와의 일대일 상담에서 벗어나 많은 사람이 모이는 집단 프로그램에 참여하기 시작했다. 그곳에서는 맥락을 잡지 못하는 노영민에게 핀잔을 주는 구성원도 있었지만, 그와 유사한 방식으로 말하는 구성원들도 있었다. 언뜻 동문서답처럼 보이는 그들의 대화는 묘하게 서로 티키타카가 되었다. 또 어떤 구성원은 그들의 대화에 아무 말 없이 마음을 기울여주기도 했다.

서로에게 좋은 사람이 되어준 그들은 자연스럽게 치유의 과정을 만들어가고 있었다. 그것은 단순하면서도 깊었다. 각자의 서로 다른 세계가 연결되고, 그 고리에서 새로운 관계를 만들어내는 모습이었다. 자신들만의 속도로, 자신들만의 방식으로 조금씩 조금씩.

금쪽 처방전을 찾아서

"여동女棟입니다. 자해 수용자 발생입니다. 긴급 지원 바랍니다."

근무자의 다급한 목소리가 구형 폴더폰을 닮은 검은색 공용 통신기를 통해 울려 퍼졌다. 볼펜 뚜껑을 삼켰다고 주장하던 수용자 김다정이 이제는 자신의 머리를 변기에 마구 찍어 대기 시작했다. 어디서 그런 괴력이 나오는지 현장 근무자 여럿이 달려들었지만 그녀의 힘을 당해낼 수 없었다. 하얀 변기가 금세 선홍빛 피를 흘리기 시작했다. 긴급 출동한 기동순찰팀에 의해 김다정은 보호실로 옮겨졌고, 의료과 직원들이 그녀에게 진정제를 투여하고 상처를 치료했다.

다음 날 소식을 접하고 찾아갔을 때는 이미 한바탕 소란이 지나간 뒤였다. 하지만 그 난리를 치고 밤을 꼴딱 지새웠음에도 김다정의 기력은 방전되지 않은 듯했다. 돌발 행동을 일으킬 가능성을 무시할 수 없었기에 보호실 문을 사이에 둔 채 '상담'을 진행했다. 육중한 철문의 한중간에 나 있는 배식구가 그녀와 나의 유일한 소통 창구였다. 배식구 위치에 얼굴을 맞추기 위해 나는 어정쩡하게 구부린 자세로 문의 복도 쪽에 서고, 그녀는 방바닥에 앉는 자세를 취했다. 이런 괴상한 상담 장면을 연출하는 노력에도 불구하고 서로의 말소리는 잘 들리지 않았다. 그렇다고 목청을 키울 수도 없는 형편이었다. '비밀 보장'이라는 상담의 기본 원칙을 지키기 위해 내 목소리가 복도 전체에 울려 퍼지는 것을 막아야 했기 때문이다.

'보호실 수용 혹은 보호장비 착용 후 24시간 이내 심리상담 실시'라는 지시 공문의 원칙을 따르기 위해 그녀를 찾아갔지만, 사실 나는 이 상황에서 무엇을 해야 할지 잘 몰랐다. 고도로 숙련된 전문가가 위엄 있는 어조로 흥분한 환자를 안정시키는 장면을 연출할 수 있으면 좋겠지만, 그러기에는 김다정의 행동을 예측하기가 어려웠고, 예측할 수 없는 만큼 위험했다. 언젠가 마약 금단증상을 겪는 수용자가 배식구 사이로 손을 뻗어 순식간에 내 머리채를 낚아챘던 기억은 수용자의 심리적 안정만큼이나 나의 안전도 중요하다는 사실을 잊지 않게끔 만들었다.

바로 다음 순간을 짐작하기 어려운 김다정의 범죄는 이상동기 범죄, 동기 없는 범죄, 묻지마 범죄 등으로 불렸다. 그녀와 피해자 사이에는 아무런 연관성이 존재하지 않았다. 그저 불특정 다수 중 한 명이었던 피해자는 사람이 많은 한낮 도심에서 봉변을 당했다. 출소 후 3개월 만에 다시 만난 김다정이 내뱉은 범죄의 이유는 내 말문이 막히게 만들었다.

"엄마 아빠가 나를 집에 가둬서 스트레스가 많이 쌓였었거든요. 그래서 그랬어요."

"……."

마땅히 할 말을 찾지 못한 나는 '지나가는 행인의 얼굴을 칼로 긋는 행위는 스트레스 해소법으로 훌륭하지 않다고 말해주어야 할까?'라고 잠시 생각했다. 말장난 같지만 나는 '이상동기 범죄'라는 명명부터가 이상하다고 생각했다. 이상한 동기의 범죄란 무엇이고, 이상하지 않은 범죄의 동기는 무엇인지 차이점을 이해할 수 없었다. 출소하자마자 집 안에 감금되어야 했던 김다정은 극도로 갑갑했고, 자신의 말대로 스트레스가 한계에 달했다. 마침내 외출 기회가 찾아왔을 때 집에서 범행 도구를 준비해 나갔고, 화풀이 대상을 물색했다. 이 범죄의 동기가 '이상하다'라고 한다면, 원한 관계가 분명한 범죄의 동기는 '이상하지 않은가'라는 의문도 들었다. 혼란스러운 용어 정의는 그에 대한 대처도 모호하게 만들었다. 나는 김다정에게 다가가는 방법을 찾지 못한 채 어지러이 헤맸다.

어젯밤의 소란 행위에 대한 김다정의 설명 역시 이해하기 어려웠다.

"관심받고 싶어서 그랬어요. 그냥 짜증이 났어요."

마음속 분노를 사람들에게 내보이고, 그 이후의 사태는 생각하지 않는다는 이상동기 범죄(이 용어가 이상하다고 생각하지만 아직 이렇다 할 명칭이 없기에 그냥 이렇게 부르기로 한다)의 특성은 교도소라는 장소에 있다고 해서 달라지지 않았다.

교정 본부에서는 자신의 욕구를 지각하고 그것을 실현해가는 동기면담을 이에 대한 상담 방향 중 하나로 제시했지만, 그 효과에 대하여서는 의구심이 들었다. 원하는 삶을 위해서 충동을 지연시킬 능력이 있었다면 애당초 이런 행동을 하지 않았을 것이라는 생각이 들기 때문이다. 설상가상 그녀는 정신질환과 지적장애마저 가지고 있었다. 애초 '대화'라는 것이 불가능했다.

"배가 아파서 죽을 것 같아요."

복통을 알리기 위해 일으킨 소란의 정도로 보아서는 최소한 맹장이 터진 상황이어야 하지만, 김다정은 여유로운 손짓으로 머리카락을 올려 묶고 있었다. 배를 움켜잡고 구르는 시늉까지는 하지 않더라도 최소한 한쪽 눈썹이라도 찡그려주었다면 그녀의 몸 상태를 걱정했을지 몰랐다.

⊘

사흘이 멀다 하고 문제를 일으키는 김다정의 표정은 늘 한결같았다. 난동을 일으킨 행위자가 자신이 아닌 것처럼 매우 태연했다. 말의 내용과 일치하지 않는 표정과 몸짓이 때로는 나를 화나게 만들었다. 내 화의 대상이 김다정인지, 뾰족한 수를 찾지 못하는 나 자신인지 모호했지만, 다른 정신질환자들에게 느끼는 안타까움이 그녀에게는 가닿지 않았다. 나의 마음은 그 대신 현장을 지키는 근무자에게 향했다.

이상동기 범죄자의 대부분은 중한 처벌을 받기에 어느 정도 사회와의 격리가 유지된다. 문제는 교도소라는 사회에서도 이들의 분노 표출 대상이 될 수 있는 동료 수용자와 직원이 함께 살아간다는 사실이다. 예견하기 어려운 폭력성 앞에서 직원에게 허락된 것은 최소한의 방어뿐이다. 무엇보다 과잉 진압 논란에 휩쓸리지 않아야 한다. 여기에 더해 현저한 폭력성으로 집단 프로그램 참여가 어려운 경우에는 개인상담을 실시하라는 요구는 상담 직원의 안전을 고려하지 않은 처사 같기만 해서 씁쓸했다.

권총을 소지하고도 범인을 향해 발사할 수 없는 경찰처럼, 교도관이 가진 교도봉은 무력하다. 교도봉은 수용자의 인권과 보호를 위해 매우 조심스럽게 사용되어야 한다. 자칫 교도관 자신을 다치게 만드는 도구로 둔갑할 수도 있기 때문이다. '지나친 물리력 사용'이라는 논란에 휘말려 삶의 위기를 맞이하는 것보다 차라리 수용자의 폭력 앞에 몸을 내놓는 편이 나을지도 모른다. 이때 느낄지 모를 수치심과 모멸감, 직업에 대한 회의감은 마음 깊숙한 곳으로 꾹꾹 눌러 수면 위로 올라오지 못하게 해야 한다.

사회의 공안을 담당하면서도 경찰이나 소방관처럼 치사를 받지 못하는 직업인 교정공무원의 자살 시도는 일반인에 비해 4.8배 높고, 폭행 피해 등으로 인한 긴급 심리지원 대상자는 연간 300여 명에 이른다. 직원 정신건강의 적신호를 감지한 교정 당국은 다양한 심리지원 프로그램을 내놓고 있지만, 인력 증원, 승진 기회 확대, 수용자들의 청원과 진정에 대한 제한 제도 마련, 소송 관련 전담 직원 확충 등과 같은 좀 더 원천적인 방책이 절실한 형편이다.

24시간 운영되는 교도소 고객들의 신변을 보호하기 위해 서로의 바통을 넘겨받으며 폐쇄된 공간으로 걸어 들어가는 직원들의 어깨가 유독 쓸쓸해 보인다고 느껴지는 날들이 있다. 교도소 전체가 소란스러워지는 큰 소동이라도 일어나면 직원 커뮤니티에서는 답을 찾지 못한 질문이 넘쳐난다.

'과연 수용자의 잘못인가, 근무자의 잘못인가?'

'내가 몸담고 있는 기관은 수용자 편인가, 내 편인가?'

괴로움을 토로하는 수많은 성토 속에서 어떤 불만의 파편은 심리치료과 무용론으로 튀기도 한다. 요는 심리상담에도 불구하고 문제수의 행동이 변화하지 않는다는 것이다. 심리치료가 재범률을 감소시켰다는 연구 결과를 직원들은 믿지 않는다. 숫자가 적힌 종이 쪼가리가 아닌 변모된 수용자를 직접 눈으로 보기란 무척 어려운 일이므로.

TV 프로그램에 등장하며 국민 멘토가 된 어느 박사님의 마법처럼 교도소 금쪽이를 뿅 하고 변화시킬 수 있는 금쪽 처방전이 있었으면 좋겠다고 꿈꾸기도 한다. 하지만 전 국민이 보는 방송에 출연 결심을 할 만큼의 변화 동기가 교도소 금쪽이들에게는 없다. 그러기는커녕 자신의 문제를 문제로 인식조차 하지 못한다. 항상 곁을 지키면서 금쪽이의 변화를 돕는 강력한 협조자 또한 없다. 어떤 저명한 심리학자의 이론도, 음악, 미술, 연극 등 다양한 매체를 활용한 상담 기법도, 낮은 지능 수준과 정신질환 그리고 인성 특이자라는 요소가 긴밀하게 얽힌 복합적 문제에서 돌파구를 찾기란 쉽지 않을 것이다.

   이런 난관을 인식할수록 나는 자꾸만 안갯속을 걷는 기분이 든다. 희뿌연 시야를 헤치며 내딛는 걸음 속에서 심리치료과 무용론의 원인이 치료 대상자가 아닌 상담자일지도 모른다는 자각이 들면, 어떻게든 발이 걸릴 수밖에 없는 험한 돌부리를 만난 것만 같다. 어쩔 수 없이 장애물 앞에 잠시 멈춰 선다. 머뭇거리는 사이 안개의 밀도는 더 높아지지만 이제 와 되돌아설 수는 없다. 수용자의 인권을 위해서 자신의 인권을 내놓아야 하는 교도관의 하루는 어김없이 돌아가고 있으므로.

우리는 가족입니다

사각…… 사각…… 사각……

분필이 칠판에 미끄러지는 소리가 점점 커졌다. 그 소리를 덮어버리겠다는 듯이 목소리들도 더 소란스러워졌다.

"너는 바보야! 바보라고 해봐! 바보라는 걸 인정해……!"

연필을 쥔 소년의 손에 힘이 들어가기 시작했다. 시도 때도 없이 들리는 목소리들을 이길 재간이 없었다. 선생님의 판서라도 멈추게 해야 했다. 하지만 소년이 할 수 있는 것이라곤 온몸에 힘을 실어 버티는 것 말고는 없었다.

끈질기게 자신을 비난하는 목소리와 분필의 소음으로 뒤섞인 불안감 속에서 안간힘을 쓰고 있는 소년과 달리 교실의 풍경은 지나치게

고요했다. 다른 친구들은 이 불쾌한 소리들이 전혀 거슬리지 않는다는 듯 평온한 얼굴로 칠판만 바라보고 있었다.

"교실을 뛰쳐나가! 분필 소리가 거슬리잖아! 나가서 편하게 있어! 빨리! 빨리! 빨리 뛰쳐나가란 말이야!"

아니야! 괜찮아. 참을 수 있어.

"괜찮지 않아! 빨리 나가라고! 너도 나가고 싶잖아!"

아니라고!! 네가 뭔데 날 자꾸 조종하려고 해! 꺼져!!

쓰윽…… 쿵쿵쿵…… 드르륵, 쾅!

결국 소년은 자리를 박차고 일어나 교실 문을 힘껏 열어젖히고 뛰쳐나갔다.

따르릉~ 따르릉~

"어머님, 정호 담임입니다. 상의할 일이 있어서 그러는데 학교에 한번 나와주셔야겠습니다."

'드디어…….'

정호 엄마는 묻지 않아도 이미 선생님의 용건을 짐작하고 있었다.

정호가 이상행동을 보인 것은 몇 달 전부터였다. 친구들을 만나지 않았고, 집 안에만 있으려고 했다. 어떤 소리에 귀를 기울이는가 싶더니 곧 혼잣말을 하기 시작했다. 자신과 남편, 정호, 그리고 정호의 형만 둘러앉은 식탁이지만, 정호에게는 가족 말고도 또 다른 존재가 함께하고 있는 것 같았다. 정호를 등교시키기 위해 실랑이를 하는 와중에 정호가 난데없이 보이는 웃음은 섬뜩한 느낌을 주기도 했다. 학교 성적이 엉망이 된 건 당연한 결과였다.

엄마로서 정호에게 끔찍한 무언가가 일어나고 있다는 것을 느끼지 않을 수 없었지만, 외면하고 싶었다. 선생님의 연락으로 사태에 직면할 것을 강요당하지 않았다면 더 깊이 그리고 더 멀리 도망쳤을 것이다. 그러나 길은 이미 막다른 골목이었다.

◇

'조.현.병.'이라고 했다. '정신분열증'이라고 불리던 그것!

풋! 정호는 실소가 터져나왔다. 말 같지도 않은 소리를 들으니 어이가 없었다. 돌팔이 같은 의사! 애초에 병원에 가는 것이 아니었다. 엄마가 울면서 애원하지만 않았어도 가지 않았을 텐데……. 괜히 엄마가 미워지려고 했다.

똑똑. 그때 엄마가 방문을 두드렸다.

"정호야……. 저기…… 오늘 병원에서 처방받은 약 갖고 왔어. 약 먹고 자자."

"뭐라고요? 지금 뭐라고 했어요?"

"아니, 정호야. 화내지 말고……. 너도 오늘 선생님 말씀 같이 들었잖아……. 네가 좀 아프대. 그러니까 약을……"

탁! 말이 채 끝나기도 전에 정호는 약 봉투를 손으로 쳐버렸다. 마치 자신에게 조현병이라는 진단을 내린 사람이 엄마인 것처럼 몰아붙였다.

"너 지금 뭐 하는 거야!"

시끄러운 소리에 아버지가 달려와서 호통을 쳤다.

"내가 뭐요! 내가 어때서요! 아들 정신병자 만드니까 좋아요?!"

"좋겠어? 그게 좋겠어? 인마! 그런데 요즘 네가 한 행동을……"

아버지는 정호를 야단치려다 별안간 사색이 되었다. 자기를 똑바로 노려보고 있던 정호가 그 순간 갑자기 다른 곳을 보며 알아들을 수 없는 말을 중얼거렸기 때문이다. 지금 정호가 상대하고 있는 사람은 엄마, 아빠 그리고 그 수를 헤아릴 수 없는 목소리들이었다.

◾

어쩌면 정호의 말이 맞을지도 몰랐다. 내 아들이 정신병일 리는 없지 않은가. 공부나 친구관계 때문에 스트레스를 받고 있어서 기氣가 약해졌는지도 몰랐다. 엄마는 정호에게 약을 주면서도 찝찝한 마음이 있었다. 정신과 약은 함부로 먹는 것이 아니라는데……. 차라리 한의원에 가서 보약을 지어보는 것이 더 나을지도 모르겠다고 그녀는 생각했다. 짐작하기 어려운 세계에서 외로이 악전고투하고 있을 아들의 지친 어깨를 받쳐주지 못해 너무나 절망스러웠다.

그러나 남편은 단호했다. 꼭 병원에서 처방받은 약을 먹이라고 했다. 아들의 정신질환을 받아들이라고 했다. 그렇게 쉽게 말하는 남편이 야속했지만 생각해보면 그런 남편도 마음이 편할 리 없었다. 어쩌면 아내인 자신에게 짐을 지운 채 한 발 물러나 있고 싶은 것인지도 몰랐다.

크고 작은 문제들이 쌓여갔다. 정호의 이름을 언급하는 낯선 번호들의 연락이 더 이상 낯설지가 않았다. 자연히 그녀는 직장을 유지하기가 힘들어졌다. 부부의 갈등은 깊어져만 갔고, 어쩔 수 없이 정호의 형은 홀로 자라가고 있었다. 그러는 사이 정호는 정신병원 입원만 여섯 번째라는 기록을 만들어내고 있었다.

◎

따르릉~ 따르릉~

정호의 전화라는 것을 알지만, 그녀는 통화 버튼을 누르는 것이 두려웠다. 하지만 이미 걸려온 전화를 네 번이나 받지 않았던 터라 계속 무시하기도 쉽지가 않았다. 아들의 애타는 마음도 힘겨웠지만, 원망과 협박을 감당해내는 쪽은 더욱 버거웠다.

"······여보세요? ······정호니?"

"씨발! 뭐 하는 거야! 전화 일부러 안 받았지?! 빨리 퇴원시켜! 아들을 이렇게 가둬놓으니까 좋아? 나 가둬놓고 다들 무슨 작당을 벌이려고 그래? 내일 당장 퇴원시키지 않으면 나가서 다 죽여버릴 테니까 알아서 해!"

고등학생이었던 소년은 이제 이십 대의 청년이 되어 있었다. 비록 아들이지만, 젊은 남자의 협박은 상당한 위협으로 다가왔다. 입원 치료가 정호를 지킬 수 있는 유일한 방법인데도 당사자는 분노했다. 스스로 동의하지 않은 입원은 곧 퇴원으로 이어졌다.

◇

정호가 집을 나간 지 사흘이 지나고 있었다. 가출 신고는 하지 않았다. 성인은 적극적인 실종 수사 대상이 아니며, '인권' 침해의 소지가 있어 당사자의 동의 없이는 가족에게 인계되지 않는다는 이유로 거절당한 경험이 있기 때문이다. 다만 정호의 이상행동에 자해나 타해의 위험이 있어 보인다고 누군가 신고한다면, 행정입원이나 응급입원으로 처리될 가능성은 있었다. 하지만 정호는 경찰들 앞에서 고분

고분하게 행동하는 법을 알고 있었고, 행정기관에서는 굳이 무리한 강제력을 행사하려 들지 않았다. 그녀는 불안감을 안은 채 속수무책으로 아들의 소식을 기다릴 수밖에 없었다. 가족 모두 정호가 없는 집안의 고요를 유지하고 싶은 속내를 겉으로 드러내지 않았다. 마치 내 아들과 내 동생을 부정하는 것 같은 기분이 들었고, 그러다 보면 묘한 죄책감으로까지 이어졌기 때문이다.

다행인지 불행인지, 가출 나흘째에 정호가 돌아왔다. 그간 어디를 쏘다닌 것인지 정호의 몸에선 지독한 악취가 났고, 발 곳곳에 피딱지가 굳어 말라붙어 있었다. 그런 정호의 모습을 보고 있자니 끝을 알 수 없는 서글픔이 밀려왔다. 궁금한 것은 많았지만, 속으로 삼킨 눈물만이 입안을 가득 메웠다. 그녀는 엉망이 된 정호의 발끝에 고정되어 있던 시선을 거두며 겨우 아들에게 다가갔다. 무릎을 꿇고 발의 상처를 어루만지는 엄마를 가만히 바라보던 정호가 갑자기 그녀의 머리에 침을 뱉었다. 옆에 있던 아버지가 아들의 뺨을 때렸고, 그 순간 또다시 가정의 평화는 깨져버렸다. 모든 광경을 지켜보고 있던 정호의 형은 익숙한 듯 병원에 전화를 걸었다.

정호가 없는 집은 다시 조용하고 잠잠해졌다.

"엄마, 죄송해요. 나 때문에 엄마가 다칠까 봐 겁이 나요."

언젠가 그녀의 귀에 남겨진 정호의 말은 시간이 지나도 잊히지 않았다. 아들을 향한 복잡한 감정이 그녀를 괴롭혔다. 아픈 아이에게 소리를 지른 기억, 가족에게 해를 끼치지 않게 하려고 문을 잠갔던 밤, 정호가 그토록 싫어하는 병원에 보낼 때 느꼈던 이상한 안도감……. 모든 장면이 겹겹이 떠올랐다. 한편, 병에 대해 어설픈 대응만을 반복하는 자신이 아들에게 더욱 힘든 삶을 준 것 같아 죄스러웠고, 그 고통을 지켜보는 것 외에는 딱히 할 수 있는 게 없다는 무능함이 원망스러웠다. 무엇보다 '엄마'가 '아들'을 무서워하고 포기하고 싶었던 순간들을 들킬까 봐 겁이 났다.

동생이 아프기 시작하면서 큰아이는 묵묵히 자신의 시간을 견뎠다. 대학 합격 소식이 전해졌을 때도, 군대 입영 통지서를 받았을 때도, 집안은 늘 정호의 위기 속에 있었다. 큰아들의 장학금 수혜 소식에 기뻐하던 아버지의 얼굴은 음충맞게 킥킥거리며 웃는 정호에 의해 곧 굳어졌고, 형은 조용히 방문을 닫았다. '멀쩡하다'는 이유로 뒷자리로 밀려나야 했던 큰아들 역시 어딘가 무너지고 있다는 사실을 그녀는 모르지 않았다. 그러나 그녀는 하루하루 정호의 상태를 버텨내는 데만 급급했다. 그녀의 가슴에 큰애를 돌보지 못한 채 지나쳐온 시간들이 자꾸만 되감기고 있었다.

입원 이후 정호의 증상은 점점 호전되고 있었지만, 퇴원 요구는 집요했다. 결국 정호의 가족은 정호를 또 퇴원시킬 수밖에 없었다.

퇴원과 동시에 정호는 약을 먹지 않았다(가족이 강제로 약을 먹인다는 것은 쉬운 일이 아니다). 하지만 병원에서 꾸준히 복용한 약의 효과가 남아 있어서인지 한동안은 아무 일도 일어나지 않았다. 폭풍 전야와 같은 하루하루가 지나가고 있던 어느 날부터인가 정호는 또다시 잠을 자지 않기 시작했다. 그리고 집안의 모든 재산을 형에게 주기 위해 자신을 병원에 입원시킨다고 믿는 오래된 레퍼토리를 다시 읊기 시작했다. 정호는 돈을 벌어본 경험이 없는데도, 자신이 힘들게 벌어놓은 돈조차 형에게 주려 한다고 믿었다.

정호는 집 안 구석구석을 뒤졌다. 아무리 찾아도 숨겨둔 돈이 보이지 않았다. 자신을 병원에 입원시킨 사이에 빼돌린 것이 틀림없었다. 자기를 조현병이라는 이상한 병명으로 옭아매어 정신병원에 가두는 엄마를 도저히 용서할 수 없다고 생각하고 있을 때, 엄마의 통화 소리가 방문을 넘어 들려왔다. 작은 목소리여서 정확한 대화 내용을 들을 수는 없었지만, 병원과 통화하면서 또다시 음모를 꾸민다는 확신이 들었다. 심지어 대화 사이에 살짝살짝 웃는 소리도 들리는 것 같았다. 또 당할 수는 없다고 생각한 정호는 엄마에게 달려가 무자비하게 폭력을 행사했고, 결과는 처참했다. 정호는 이제 정신병원이 아닌 교도소에 감금되었다. 존속살해라는 죄명으로.

상담실에서 처음 만나던 날, 김정호는 상담 시간의 대부분을 가족의 음모를 설명하는 데 할애했다. 그의 이야기를 그저 들었다.

상담을 마치고 사무실로 돌아왔을 때, 마침 정호의 형으로부터 전화가 걸려왔다.

"혹시나 싶어서 전화를 드리는 건데, 그 인간이 어떤 말을 하더라도 저한테 연락할 생각은 하지 마십시오. 그 입에서 나온 말은 아무것도 믿지 말아야 해요. 그 인간은 사람도 아닙니다. 얼마나 교활하고 잔인한지 직접 당해보지 않으면 모릅니다. 거기 직원들도 그 괴물을 조심하십시오. 선한 탈을 쓴 악마입니다."

뭐라고 대답할 겨를도 없이 뚝 끊겨버린 전화기를 가만히 내려놓았다.

대중과 사회는 언제나 정신질환자 본인에게 어떤 특징이 있고, 어떤 위험이 있는지, 그가 어떤 일을 저질렀고, 그 이면에 어떤 병력이 있는지에 초점을 맞춘다. 환자만큼의 고통을, 어쩌면 그보다 더한 고통을 감내하는 가족이 있다는 사실은 매우 쉽게 간과되고 만다.

조현병 환자의 살인 중, 가족 내 살인이 가장 많은 비중을 차지한다는 것은 널리 알려진 사실이다. 가족을 대상으로 하는 망상이나 환청이 직·간접적인 영향을 미치거나 환자를 보호하기 위한 간호가 그들을 격분시키는 요인으로 작용하기 때문이다. 실제로 현장에서는 이런 사례를 숱하게 보고 듣는다. 자신이 아프다는 사실을 인지하지 못하는 당사자가 강압적인 치료 환경에 놓이기 싫어하는 것은 너무도 당연하다. 얼마 전 신문에도 병원 입원을 권유하는 친부를 때려 숨지게 한 사십 대와 관련한 기사가 이슈에 오른 바 있다. 이처럼 정신질환자 가족은 아무런 방비 없이 위험에 몸을 노출한 상황이지만, 정작 위기를 맞닥뜨린 가족을 대신해 보살핌을 제공해줄 제도적 장치는 확립되어 있지 않다.

많은 학자들이 정신질환자의 치료 단위는 환자 한 명이 아닌 가족이어야 한다고 힘주어 말한다. 물론 이렇게 말하기는 쉬워도 실행에 옮기기는 여간 어려운 일이 아니다. 치료 프로그램이나 교육이 아무리 잘되어 있다고 해도 여기에 참여할 수 있는 가족은 그리 많지 않다. 대다수 현대인이 그렇듯이 그 시간에 각자의 자리에서 저마다 치열하게 자기 몫의 삶을 살아가야 하기 때문이다. 주로 만성화 경과를 밟는 조현병의 특성상, 전쟁 같은 길고 긴 시간을 버텨내기 위해서라도 당장 생계 현장을 벗어날 수 없는 노릇이기도 하다. 바로 이 지점에서 국가책임제의 필요를 촉구하는 목소리가 높아지고 있다.

과거 문재인 정부는 치매 국가책임제를 도입했다. 당시 문 대통령은 "치매는 다른 질환과 달리 환자 본인의 인간 존엄성이 무너지고 생존까지도 위협받을 뿐 아니라 온 가족이 함께 고통받는 심각한 질환"이라고 하면서 치매 문제를 개별 가정 차원이 아닌 국가 돌봄 차원에서 해결하겠다고 약속했다. 여기서 '치매'라는 단어를 '정신질환'으로 바꾸어도 이 말은 전혀 어색하지 않다. 조현병은 한때 '조발성 치매'라고 불렸으며, 가족관계를 악화시키는 대표적인 질환이라고 설명하기도 하는 까닭이다.

단지 치료 장소 혹은 치료 책임이 문제인 것만은 아니다. 이와 관련한 논쟁을 넘어서는 좀 더 광범위하고 유기적인 사고 또한 요구된다. 인권 침해와 치료권 보장이라는 서로 다른 두 주장이 첨예하게 부딪히는 공간에서 환자 당사자와 가족은 존재하는가? 정신질환에 대한 전 국민의 공포증을 상쇄할 수 있는 방안은 무엇이며, 지역사회 인프라 형성이라는 관문은 어떻게 넘을 것인가? 김정호처럼 출소 후에도 여전히 병을 안은 채 우리의 이웃으로 살아갈 정신질환자들에게 우리는 마음의 문을 열 수 있을까?

1년이 넘는 기간 김정호를 만나온 나는, 그를 '괴물' 혹은 '선한 탈을 쓴 악마'라고 표현했던 형의 전화를 이따금씩 떠올린다. 약물에 의해 증상 관리가 잘되고 있는 지금의 김정호는 전혀 '괴물'스럽지 않았다. 말수가 적어 사람들과의 어울림이 활발하지는 않지만, 주변을 향한 배려가 몸에 배어 있는 김정호는 바탕이 선하게 느껴졌다. 김정호가 쓰고 있는 탈은 오히려 '선함'이 아닌 '악함'일 것이라는 생각이 들었다. 다만 그것이 탈이라고 하더라도 면죄부를 받을 수 없는 행동을 해버린 그의 세상살이는 어디서부터 어긋난 것일까? 김정호는 지금 자기 죗값에 마땅한 처벌 혹은 치료를 받고 있는 것일까? 과거의 잘못에 대해 반성하고 있는 것일까? 형기가 정하는 기간만큼 꼼짝없이 유폐되어 있어야 하는 지금이 어쩌면 그로서는 반성의 문을 여는 최고의 적기인지도 모른다.

　김정호처럼 잘못을 뉘우치기 위해 치료가 선행되어야 하는 환자의 수가 적지 않다. 하지만 개소 당시 정신재활센터(현재 지역사회에서는 '정신건강복지센터'로 불림)였던 곳이 심리치료과로 이름을 바꾸면서 단지 '심리적' 접근만으로 '병리적' 문제를 해결할 수 있을 것 같은 착각을 만들어냈다. 성폭력, 마약류 사범, 스토킹 범죄, 이상동기 범죄 등과 같이 죄명에 맞춘 프로그램 이수 명령들은 그 중심에 있는 정신질환을 보지 못하게 만들었고, 정신건강전문요원으로 채용되었던 직원들은 뿔뿔이 흩어졌다. 이것은 심리, 정신간호, 사회복지, 작업 치료의 다각적 접근을 막는 결과를 낳았다. 교도소 담장 밖을 넘어서서 이들이 지나는 곳곳마다 치료적 서비스가 마련되어야 한다는 사실이 간과된 것이다.

굳이 치료감호소 추가 설립 같은 거대한 사업의 필요를 주장하려는 것이 아니다. 이미 존재하고 있는 인프라 활용조차 고려하지 않는 현실은 못내 갑갑하기만 하다. 일개 직원일 뿐인 내게 비친 실상은 무력감을 더해줄 뿐이지만, 결국 복잡하게 얽히고설킨 모든 질문을 푸는 해답의 열쇠는 정신질환자와 그 가족의 삶을 정성껏 들여다보는 데 있다는 너무도 뻔한 말을 내놓을 수밖에 없다.

김정호가 구속된 지 3년이 넘어가는 시점에서 가족은 범죄 피해자 보호 요청을 해왔고, 이에 따라 기관에서는 가석방 등의 사유로 조기 출소할 경우 검찰에 통보하도록 조치했다. 반면 김정호는 더 이상 돈과 관련된 문제를 따질 생각이 없고 그저 가족을 보고 싶을 뿐이라고 했다. 혈육에 대한 그리움만 남은 김정호와 달리 내 아내와 엄마를 살해한 가해자에 대한 두려움만 남은 가족.

가족이라는 이름으로 당연하게 누리고 나누어야 할 것들이 존재하지 않는 정호 가족의 세상에서 나는 누가 피해자이고 누가 가해자인지 쉽사리 가릴 수도, 그러고 싶지도 않다. 그러나 그곳에 상처받은 삶들이 있다는 사실만은 명확하다고 느낀다. 가족 모두의 고통을 합친 것만큼이나 깊고 오래된.

그녀가 돌아왔다

높은 습도를 머금은 후텁지근한 바람이 불쾌지수를 한껏 끌어올리는 여름 한낮. 고장 난 선풍기의 삐걱거리는 소리가 끈적이는 땀과 범벅이 되어 그녀를 괴롭히고 있었다. 열심을 내는데도 약한 바람밖에 뿜어내지 못하는 선풍기를 보고 있자니 이지영은 짜증이 치밀어 올랐다. 신경질적으로 강풍 버튼을 눌러대도 아무 소용이 없었다.
"너도 내 인생 같구나."
깊은 한숨을 내쉬며 선풍기와의 씨름을 끝내려고 할 때 핸드폰 메시지 알람이 울렸다.

> [Web발신]
> ★××센터 오후조 확정 문자
>
> 센터: ××센터
> 팀: ××
> 공정: 출고(OB)
> 근무조: 오후 1시(17시-익일 02시)
> 확정 취소 마감시간: 근무일 당일 13시까지 문자 취소만 가능(이후 취소건에 대해서는 결근 처리)
>
> ★안내사항
> ……

오매불망 기다리던 택배 물류 센터의 출근 안내 문자였지만 막상 보니 반갑지가 않았다.

"구원인지 저주인지 모르겠네."

깊은 한숨과 함께 들릴 듯 말 듯 작은 목소리로 중얼거리며 툭 내던진 휴대전화기가 둔탁한 소리를 냈다.

"아이씨, 망가진 거 아니야?"

방바닥에 내팽개친 전화기를 줍기 위해 서둘러 허리를 굽히던 그때, 갑자기 이지영은 "으악!" 외마디 비명을 지르며 아랫배를 움켜잡았다. 찌르는 듯한 통증은 정신을 아득하게 만들었고, 치마 다리 아래로 번지는 붉은 액체의 정체를 파악할 틈도 허락하지 않았다. 잠시 뒤…….

"저 몸으로 도망이나 갈 수 있겠어?!"

"모르지! 저렇게 있다가 갑자기 야반도주라도 할지……."

'뭐야? 환청인가?'

희미하게 들려오는 낯선 남자들의 대화 소리에 신경이 곤두섰다. 한동안 잠잠했던 환청이 다시 정신을 어지럽히는 요즘이었다.

'여긴 어디지? 또 정신병원에 갇힌 건가?'

상황 판단이 재빨리 되지 않아 불안해진 와중에 또다시 남자들의 소리가 들렸다.

"야! 몸도 성하지 않지, 정신도 온전치 않지. 뭘 할 수 있다는 거야?"

"아, 몰라. 일단, 여기 좀 있어. 나 담배 한 대 하고 올게."

말소리가 들리는 곳으로 고개를 돌리자 건장한 사내 둘이 서 있었다. 환청이 아니었다.

'저놈들이 또 나를 잡으러 오다니. 빨리 도망쳐야 해!'

저 사내들이 누구인지, 여기가 어디인지는 알 수 없었다. 하지만 어서 이곳을 벗어나야 한다는 본능이 시야에 들어오는 장면을 이해하는 것보다 앞섰다. 다급히 몸을 일으키고 이불을 젖히는데 링거줄이 그녀를 붙잡았다. 낭패감도 잠시, 머리가 핑 도는 어지러움이 그녀를 다시 드러눕혔다.

"정신 좀 들어요? 경찰입니다. 아니, 경찰에서 출석요구서를 받았으면 출석을 하든지, 아니면 못 한다고 연락을 하든지 해야죠. 아, 아니다. 때마침 우리가 찾아갔으니까 이렇게 병원이라도 왔지. 아무튼, 배임혐의로 조사받아야 되니까……"

"저리 가요! 저리 가라고요! 아~~"

온 힘을 다해 내지르는 이지영의 비명은 곧 격한 울음으로 바뀌었다.

내가 알던 그 이지영이 아니었다. 무엇인가에 쫓기는 듯 초조함을 감추지 못하는 모습은 그녀만이 풍기는 고유한 분위기를 퇴색시키고 있었다.

"악몽을 계속 꿔요. 그중에서도 낙태하는 꿈을 꾼 날은 하루 종일 죽고 싶은 마음이 들어요."

밑도 끝도 없이 툭 내뱉은 말을 다시 곱씹는 듯 불현듯 혼자 가만히 생각에 잠긴 그녀의 얼굴이 몹시 지쳐 보였다. 그 호흡을 따라 잠깐의 고요를 지킨 내가 물 한 모금을 삼킨 후에 침묵을 깼다.

"낙태하는 꿈이요?"

질문하는 나를 바라보는 이지영의 시선이 공허했다. 아니, 내 질문은 공허했다. 이지영은 내 물음과는 상관없는 말을 독백처럼 쏟아붙였다.

"저는 그냥 오빠가 시키는 대로 했을 뿐이에요. 제발 절 좀 도와주세요. 명의만 빌려주면 오빠가 다 알아서 한다고 했었어요. 오빠를 찾아야 해요. 오빠만 찾으면 오빠가 다 해명해줄 거예요."

나 또한 그녀의 애절한 간구는 아랑곳하지 않고 내가 묻고 싶은 질문을 던졌다.

"몸은 왜 그래요? 병원에는 왜 갔던 거예요?"

금방이라도 울음을 터뜨려버릴 것 같은 표정을 짓던 이지영이 이번에는 나직한 목소리로 내 질문에 반응했다.

"낙태를 했어요. 세 번이나요. 그래도 저는 일을 나갔어요. 돈을 안 벌어 오면 오빠가 때렸어요. 오빠한테 맞은 날도 일을 나갔고, 아이를 지운 다음 날도 일을 나갔어요. 선생님! 그 일이 힘들어요. 택배 물류 센터 일이 성한 사람이 해도 힘든 일이에요. 그래도 저는 해야만 했어요. 일을 하러 오라고 택배 회사에서 보내는 문자가 저한테는 구원인 동시에 저주였어요. 오빠의 발길질로부터 저를 구원해주기도 하지만, 그 대신 아이를 지운 몸이 회복되기도 전에, 오빠한테 맞은 멍자국이 가시기도 전에 해야 하는 그 일이 저를 죽이는 저주가 되기도 했어요. 그러니까 선생님, 오빠를 꼭 찾아야 해요. 오빠를 찾으면 여기서 나갈 수 있을 거예요. 그리고 오빠랑 결혼도 꼭

하고 싶어요."

 나는 차라리 눈을 질끈 감고 말았다. 더 이상 듣고 싶지 않았다. 그녀가 겪은 피해 상황을 듣는 것보다 자신의 삶을 저주로 만든 가해자와 함께할 미래를 꿈꾼다는 이야기를 듣고 있는 게 더 기가 찼다.

 그랬다. 살을 빼서 예쁜 옷을 입고 싶고, 가족 여행을 가고 싶고, 돈을 많이 벌고 싶다는 희망을 가지고 출소했던 이지영은 단 1년 3개월 만에 만신창이가 되어서 나타났다. 잘 지내고 있다던 그녀의 편지를 받고 너무 기쁘고 뿌듯해 아무에게나 자랑하고 싶었던 나의 보람은 순식간에 빛이 바랬다.

 재입소 후 첫 만남이었던 이날 이후로는 더 이상 이지영과 정상적인 대화를 할 수가 없었는데, 며칠 사이 조현병의 양성 증상이 급격하게 나타난 탓이었다. 밤잠을 자지 않고 혼잣말을 하거나 갑자기 괴성을 지르다가 불쑥불쑥 욕설을 내뱉어 보호실에 갇힌 그녀를 보는 것은 너무나 괴로웠다. 애서 못 본 척 지나치려는 나를 꼬박꼬박 알은체하며 멈춰 세우는 이지영이 야속했다. 애달프다 못해 사나운 눈빛으로 오빠를 찾아 달라며 수용 거실 문창살을 우악스럽게 붙들고 매달리는 모습이 눈에 쓰라렸다. 그런 이지영을 상대로 억지스러운 상담은 시도하지 않았다. 솔직히 고백하자면, 나는 더 이상 그녀와 이야기를 나누고 싶지 않았다.

  이지영을 무너뜨린 그 남자를 향했어야 할 원망이, 정신장애자의 정상적인 사회 복귀를 돕지 못하는 정신재활 시스템에 대한 원망이 오롯이 그녀에게 향했다. 그도 아니면 정상 궤도에 오른 그녀의 삶으로 증명되었을 내 성과를 앗아간 데 대한 이기적인 원망인지도 몰랐다. 이렇게까지 이지영이 망가진 건 순전히 그녀 자신 탓인 것만 같았다. 바보같이 왜 속았냐고 따져 묻지 못해 화가 났다.

  이지영은 왜 다시 범죄자가 되어야만 했을까? 범죄의 대상이 되었기에 범죄자가 되는 이상한 인과를 이해해야 했다. 말장난 같은 연결을 풀기 위해 정신질환 범죄자의 재범과 관련된 주제어들을 검색창에 입력했다. 이미 검색해 살펴본 적 있는 제목들이 보라색을 입고 나타났다. 지난번에 혹시 놓쳤을지도 모를 해답이 나타나길 기대하며 다시 프린트하고 형광펜을 칠하며 찬찬히 읽어 내려갔다.

  정신질환자의 범죄율이 높지 않다는 것을 증명하는 통계 수치, 꾸준한 치료에 대한 중요성, 교도소 내의 전문화된 치료 프로그램과 인력의 필요성, 그리고 지역사회와의 다양한 공조를 강조하는 연구 결과가 일관되게 나타났다. 대체 이런 주장들은 언제쯤이면 활자의 틀을 깨고 그네들의 삶에 실제로 구현될 수 있을까. 아래로 아무리 스크롤을 내려도 도무지 끝날 기미가 보이지 않는 그 말들의 기세가 허무했다.

사회 시스템이 작동하는 것보다 정신질환자의 온전치 못한 상태를 악용하려는 손길이 더 빨랐다. 이중 삼중의 낙인을 깨고 일자리까지 찾아냈지만 녹록지 않은 재활의 길은 또다시 이지영을 교도소로 불러들이고 말았다. 그리고 자신의 하루하루에 깊이 저민 고달픔을 끝내는 방법으로 그녀가 선택한 것은 죽음을 향한 시도였다. 재활 시스템도, 재범 방지 시스템도, 나도…… 모두 실패했다.

나는 더 이상 이 현장에 머무르고 싶지 않았다. 내가 여기서 하는 일들이 더 이상 무슨 의미가 있을까 싶었다. 내가 가진 모든 지식과 방법이 아무런 효력을 내지 못하고 있었다. 절박한 그녀의 모습을 나는 외면했고, 그녀 역시 더 이상 나와 대화를 시도하지 않았다. 무력감에서 비롯된 분노는 나를 삼켜버렸고 절망감은 그녀를 삼켜버렸다. 이지영처럼 절망 속에 갇혀버린 사람들이 또 다른 이지영이 되어 나타나는 반복되는 현실이 끝없는 순환처럼 느껴졌다.

상담실의 사방을 둘러싼 높고 낯선 담장은 그저 교도소라는 특정 공간의 외부에 위치한 장애물에 지나지 않는 것이 아니었다. 어느새 내 마음에도 저 담장만큼이나 높고 거대한 벽이 둘려 있었다. 나는 여전히 그녀를 떠올리는 것이 괴롭다. 그리고 이 괴로움의 이름조차 알 수 없다는 것이 못내 슬프다. 자괴감, 무능감, 무력감, 분노, 원망, 절망……. 이 모든 감정이 얽혀서 나를 짓누르며 날카롭게 파고드는 통증만을 느낄 뿐이다.

하모니

"아이고……, 에휴……"

"이모, 왜 그래요? 어디 아파요? 응? 왜 이렇게 끙끙 앓어?"

"끙……, 아이고……, 끙……"

"진짜 아픈가 보네. 계장님, 계장님! 여기 87번이 많이 아픈가 봐요!"

"87번, 왜 그래요? 어디 아파요?"

근무자가 달려와 87번 박금희의 상태를 살폈다. 축 처진 몸에 손이 닿자 소스라치듯 비명이 솟구쳤다. 고통을 참아내지 못해 터져 나오는 신음 소리는 울음에 가까웠다. 섣부른 손놀림을 자제한 직원은 곧장 의료과에 연락했다. 즉시 의료과 직원이 도착하고 몇 가지 검사와 진료가 서둘러 진행되었다. 의사의 표정이 심상치 않았다.

"여기서는 안 되겠습니다. 외부 병원으로 이송해 정밀 진료를 받아보는 것이 좋겠습니다."

◇

그날 밤, 나는 수용자의 도주 방지를 위한 병원 업무 지원에 투입되었다. 입원 전 박금희가 소란을 일으킨 원인은 고관절 골절이었는데, 높은 염증 수치로 인해 수술을 진행하기가 어려웠다. 항생제와 해열제를 투여했지만 40도를 넘나드는 고열은 쉬이 내려갈 줄 몰랐고, 창백한 얼굴의 볼이 발그레 상기되어 있었다. 새하얀 머리칼과 틀니 없이 드러난 잇몸, 그리고 작은 체구는 본래 나이보다 훨씬 더 호호 할머니 같은 느낌을 주었다.

박금희는 더 많은 돈을 가지기 위해 사람을 죽였다. 피해자의 손가락에 끼워진 반지조차 포기할 수 없어 시체를 훼손하기까지 했다. 그렇게 잔인했던 여자가 지금은 병상에 누워 아무것도 할 수 없는 몸이 되고 말았다. 스스로 대소변조차 가리지 못하는 이의 도주를 막기 위해 수갑과 전자발찌를 단단히 채우고, 그것만으로도 모자라 교도관이 24시간 곁을 지켰다.

30년의 형기를 받아 이제 10년을 살고 난 살인자는 어느덧 육십 대 중반이 되어 있었다. 간병인의 손을 빌려 식사를 하고 있는 죄수를 물끄러미 바라보았다. 어떤 마음으로 지난 삶을 돌아보고 있을지, 옥사를 면하기 어려울 인생 말년을 미리 알았대도 그런 끔찍한 짓을 저질렀을지, 혹시나 돈이 주는 허망함에 가슴을 치고 있을지, 자신의 손에 죽임을 당한 망자에게 노잣돈은커녕 반지 하나조차 쥐여주지 않은 것을 미안해하고 있을지……. 누구도 대답해줄 리 없는 질문에 빠져들고 있던 나는 간병인의 혼잣말에 의해 상념에서 깨어났다.

"아휴, 저런 사람들은 엄청 무서울 줄 알았는데, 그렇지도 않네……."

박금희의 식사를 도운 간병인이 식판을 밖으로 내놓으며 중얼거렸다. 간병인이 말하는 '저런 사람들'이 정확하게 어떤 사람을 의미하는지 궁금증이 일었지만 구태여 질문은 하지 않았다. 개인 정보 보호 문제로 어차피 대화를 이어나갈 수 없는 주제였다. 그런데 그 말이 묘하게 위안이 되었다. 맥락상 '저런 사람들'이란 '교도소에 수용된 사람들'을 뜻할 것이라 짐작한 탓이다. "범죄자를 돌보고 있으면 피해자한테 미안하지 않아요?"라고 간병인에게 물으면, "나는 그냥 내 일을 하는 것

뿐인데요, 뭘!"이라는 시원한 대답을 돌려줄 것만 같았다. 나중에 죄명을 알더라도 소스라치게 놀라기보다는 "그럴 만한 이유가 있었겠지. 아이고, 참……, 인생사가……"라며 딱한 눈빛을 보낼 것만 같았다.

    실제로 오가지도 않은 대화를 통해서 나는 그 순간 간병인과 공범이 된 것 같은 안도감을 느꼈다. 가해자의 몸을 돌보는 일과 가해자의 마음을 돌보는 일은 다르지 않을 테니까. "범죄자 심리상담을 하면 피해자한테 미안하지 않아요?"라고 누군가 묻는다면, 나 또한 간병인을 따라 "나는 그냥 내 일을 하는 것뿐이에요"라고 대답하면 될 터였다.

    내친김에 또 다른 질문까지 이어가고 싶어졌다.

    "좀 전에 말씀하신 '저런 사람들'이 혹시 '정신질환이 있는 사람들'을 의미하는 건가요?"

    박금희의 신상 정보에 포함되어 있었던 '조현병'이라는 세 글자가 못내 마음에 남아 맴돌고 있었다. 그 생소한 질환명 앞에서도 간병인이 나와 한마음일지 궁금했다. 내심 간병인이 박금희를 이상하다거나 무섭다는 식으로 바라보지 않기를 바랐다. 증상이 어떤 모습으로 발현되는지 알 수 없지만 지금 우리 눈앞의 환자는 지극히 평범할 뿐이니까. 굳이 이상한 점을 꼽으라면 코에 삽입된 산소 호흡기를 반복적으로 빼내는 행동뿐이었다. 수용 생활 중에도 다른 사람의 간식을 제 것인 양 먹었다는 점 말고는 눈에 띄는 특별한 사항이 없었다. 백발의 노인이 이런 행동을 한다는 점에서는 차라리 치매라는 진단명이 더 잘 어울릴 것 같았다.

이 질환이 박금희의 삶에 언제부터 끼어들었는지는 알 수 없었다. 주로 초기 성인기에 발병한다지만 그녀의 경우에는 사건 발생 이후인 오십 대에 시작되었을지도 몰랐다. 비록 가해자일지언정 그녀 또한 정신적 외상을 입기에는 부족함이 없는 장면이었을 테니 말이다.

천장을 바라보며 눈만 껌뻑이고 있는 박금희를 붙잡고 인생에 관한 어떤 대화라도 시도해보고 싶은 충동이 기나긴 밤 근무를 끝낸 뒤에도 오랫동안 이어졌다.

며칠이 지나 다시 병원 근무를 나갔을 때, 나는 간병인의 태도가 조금 이상해진 걸 느꼈다. 반말로 박금희를 대하며 기저귀를 가는 내내 간병 대상자인 그녀를 나무라고 비웃었다. 배설물 냄새가 고약하다거나 몸이 무겁다는 등 환자의 의지와는 무관한 이유들이었다. 속수무책으로 부당한 야유를 받아내는 박금희는 간병인의 손에 의해 이리 돌려 눕혀지고 저리 돌려 눕혀지고 있었다.

"아니, 이 사람이 정신병자래요. 내가 하는 말을 알아듣겠어요?! 뭔 죄를 지었는지 몰라도 미쳐서 그랬으려나……."

불편해하는 내 시선을 의식한 간병인은 멋쩍은 듯 웃으며 눈을 찡긋해 보이고는 사과를 건넸다.

"아휴, 그래도 내가 반말은 하면 안 되지……. 미안해요."

'범죄자'라는 정체성 앞에서는 너무도 너그러웠던 간병인이 '정신병자'라는 정체성 앞에서는 그렇지 못했다. 간병인은 박금희의 범죄 내용을 멋대로 정신질환과 연결 짓고 있었다. 그저 침상에 누워 있는 것 말고는 아무것도 못 하는 박금희가 수치심을 감내해야 하는 게 정신질환이라는 진단명 때문이라는 건 아무리 생각해도 부당하게 느껴졌다.

전체 범죄자 가운데 1퍼센트도 되지 않는다는 통계에도 불구하고 모든 정신장애자들은 잠재적 범죄자 취급을 받는다. '정신장애'라는 단어 하나가 범죄의 다양한 요인들을 순식간에 꿀꺽 삼켜버리는 것이다. 성급하게 내뱉어지는 낙인 같은 말들은 질환 자체보다 더 무서운 형벌이 되어 이들을 움츠러들게 만든다. 위험할 것이라는 편견이, 나보다 열등하다는 편견이, 병원 치료를 받아봐야 낫지 않는 병이라는 편견이, 불쾌

하고 격리되어야 한다는 편견이, 사회생활을 못 할 것이라는 편견이 정신장애자들을 방구석으로 몰아넣는다. 결국 치료의 사각지대로 내몰린 일부 환자들이 저지른 강력 범죄는 더 견고한 편견을 불러일으키고 만다.

이런 악순환이 박금희의 인생에도 존재했는지는 알 수 없다. 다만, 정신질환자에게만 입혀지는 하늘색 줄무늬 죄수복이 다른 죄인들과 그녀를 선명하게 갈라놓은 것만은 사실이다. "미쳐서 그랬으려나……"라는 간병인의 말은 그녀와 한솥밥을 먹는 죄수들의 입에서도 똑같이 흘러나왔다. 우리가 조현병이라는 진단명에서 기대하는 이상한 행동을 하지 않았음에도 박금희의 많은 행동은 "미쳐서 그랬으려나……"로 설명되었다. 가령 사람들과 잘 어울리지 않는다든지, 무례한 어떤 행동에 화를 내지 않고 침묵한다든지, 혹은 유난한 식탐과 수면욕 같은, 그저 개인의 특성일 수 있는 요소들까지도. 박금희가 살아가는 곳이 교도소가 아니었다면 그녀에게 가닿는 이런 차별과 무지의 말들이 끔찍한 살인 도구로 우리에게 되돌아왔을지도 모를 일이다. 이때 우리는 박금희가 일으킨 파괴의 공모자가 된다.

고령 탓인지 쇠약해진 박금희의 몸은 쉬이 회복되지 않았고, 또다시 나의 지원 근무 순서가 돌아왔다. 저녁 근무자와 교대하기 위해 자정이 넘어 들어간 병원은 삶의 엄중한 무게를 품고 있는 듯했다. 깊게 내려앉은 고요에 압도된 나는 조심조심 병원 로비를 지나 엘리베이터를 타고 그녀가 있는 6층 버튼을 눌렀다. 잠시 뒤, 도착을 알리는 엘리베이터의 '띵동' 소리가 유난히 크게 느껴졌다. 통증을 잊고 잠든 환자들을 깨울세라 숨죽인 나의 걸음에 비해 혈압을 재는 퍼프 소리와 주사기가 트레이에 부딪히는 소리들이 병동 전체를 깨우는 것만 같았다. 그럴수록 더 발소리를 줄여 도착한 복도 끝 그녀의 병실은 문이 굳게 잠겨 있었다. '똑똑' 노크를 하자 병실 안에 있던 근무자가 문을 열어주었다. 작은 소리로 짧은 인사를 주고받은 뒤 환자의 상태와 수갑, 전자발찌 등을 인수인계함으로써 내 근무가 다시 시작되었다.

직원들이 교대하는 것도 모른 채, 간병인은 코를 골며 환자보다 더 깊은 숙면을 취하고 있었다. 드르렁드르렁 리듬감 있게 울려 퍼지는 소리가 병실의 적요를 깨웠다. 그 무심한 요란 탓인지 환자가 잠이 완전히 달아난 눈빛으로 멀뚱멀뚱 허공을 바라보는 게 눈에 들어왔다. 지금 이 순간 내가 "낮에 간병인이 하는 말을 들으면서 마음이 어땠어요?"라고 물으면 울음을 터뜨려버릴지도 모른다고 생각했다. 간병인을 일으켜 세우고 싶은 충동이 일었다. "당신이 사과해야 할 사람은 내가 아닙니다. 당신은 정신질환에 대해 너무 잘못 알고 있습니다"라고 외치고 싶었다.

◪

나의 말은 이내 상상이 되어 어느 해 열린 정신질환 합창 경연 대회 장소로 우리를 이끌었다.

> 세상을 바꾸는 소리
> 우리들의 노래

그날의 경연 대회장에서는 가슴을 뭉클하게 하는 슬로건이 무대의 벽면을 가득 채우고 있었다. 천장에서 바닥으로 쏟아지는 조명은 검은색 바지와 하얀색 상의를 갖춰 입은 공연자들을 환히 비추었다. 전주가 울려 퍼지기 전의 깊은 고요가 대회 참가자들과 관객석을 메운 사람들을 일순간 긴장하게 만들었다. 그러나 지휘자의 손이 서서히 움직이고 노래가 시작되자 긴장감은 이내 흥겨움과 감동이 되어 공연장을 메웠다. 6개월간의 대회 준비 기간이 파노라마처럼 머릿속에 그려지자 눈물이 흥건하게 고였다.

대회 개최 소식을 알리며 참가자 모집을 시작했을 때, 제일 먼저 지원서에 이름을 적은 사람은 역시나 조증 상태에 있던 환자였다. 뒤이어 노래를 좋아하는 몇몇이 조심스럽게 다가왔지만 선뜻 발을 담그지 못하고 머뭇거렸다. 그리고 대부분의 환자들은 무관심했다. 우리의 노래로 정신질환에 대한 편견을 깨부수자고 설득하고, 관련 동영상을 통해 홍보했다. 가장 강한 동력은 노래를 직접 불러보는 것이었다. 노래 수업에 참가한 일부가 끌어낸 용기를 시작으로 참가 인원이 모였다.

하지만 흐름을 깨는 조증 환자의 산만한 행동이, 오랜 약 복용 탓에 둔해진 발음과 호흡발성이, 무엇 때인지 모를 불안정한 음정들이 모여 화음을 이루어내는 것이 쉽지 않았다. 엎친 데 덮친 격으로 급작스레 유행한 코로나는 장기 연습 중단 사태를 불러왔다. 그러나 이미 합창이 주는 치유를 알아버린 이들은 악보를 손에서 놓지 않았다. 1등에 도전하자던 누군가는 받은 상금으로 파티를 해야 한다며 발을 동동 굴렀다. 감염되지 않은 자들은 격리된 자들의 회복을 간절히 바라며 기도했다. 그렇게 한 달여의 공백을 지나고 다시 만난 합창단은 처음부터 다시 연습을 시작해야 했지만, 그들이 만들어내는 화음에는 회복에 대한 의지와 열정이 진하게 묻어나고 있었다.

자기만의 세계에 갇혀 있던 누군가가 다른 사람의 음정에 귀를 기울였고, 불안으로 안절부절못하던 누군가는 신경안정제의 효과보다 강력한 편안함을 느꼈으며, 우울감으로 처져 있던 누군가는 새로운 에너지를 만들어냈다. 합창단원들은 더 이상 '정신질환'이라는 네 글자에 위축되지 않았다. 당사자인 우리가 노래하지 않으면 세상을 바꿀 수 없다는 것을 알게 되었다. 이들이 만들어내는 하모니는 세상과의 아름다운 조화를 약속했다. 정신질환에 대한 편견과 낙인이 깨지는 순간이었다.

나는 내 상상 속 무대에서 시선을 떼지 못하는 간병인의 손을 잡았다. 그리고 그들의 노래를 따라 함께 입을 모아 합창했다. 어느덧 무대에 오른 박금희와 간병인도 그곳에서 화해의 손을 맞잡고 힘차게 노래하고 있었다.

에필로그

마음의 경계와 균열 사이에서

효신   여기, 이거요. (준비해 온 음료수를 건넨다.)

부녀회장   아유, 뭘 이런 걸.

효신   부녀회장님 허락이 있어야 한다고 하더라고요.

부녀회장   예, 근데 이게 저 혼자 결정할 수 있는 문제는 아니어서요. 입주민 회의 한 후에 이사 결정하시죠.

효신   집도 이미 계약했고 이사도 마쳤는데, 사실 법적으로도 문제가 없는 걸로 알고 있고요.

부녀회장   사람 사는 게 어디 법으로만 되나요. 특히나 이 동네에는 애 있는 집도 많고 여자 혼자 사는 집도 많거든요.

효신   네……, 근데 제 동생이 범죄자는 아니거든요.

조현병을 앓는 동생을 둔 효신은 주민들의 양해가 있어야 이사를 올 수 있다는 관리사무소 직원의 말에 따라, 음료수를 사들고 입주민들을 일일이 찾아다닌다. 두 손을 공손히 모으고 허리를 조금 굽힌 효신과 팔짱을 끼고 벽에 기대어 선 부녀회장의 모습은 왠지 갑과 을의 지위를 상징하는 관계처럼 대비된다.

"우리 애가 수험생이라서요. 소란스러운 일은 없겠죠?"

"뉴스에서처럼 막 그런 위험한 일은 없겠죠?"

"아, 사실 좀 무섭기는 해요. 그, 다른 분들은 다 괜찮으시대요? 우리 애가 아직 어려서요. 좀 불안해서요."

단 다섯 가구만 서명한 동의서에 단단히 묶인 이삿짐은, 여전히 거실 한가운데서 풀리지 못한 채 멈춰 있다.

"이사하는데 그 사람들 허락이 왜 필요해요? 내 돈 주고 내가 이사를 하겠다는데 왜 다른 사람들한테 고개를 숙여야 되냐고요"라는 후배 간호사의 말에, 효신은 "우리는 잘 알지만, 사람들은 그 병에 대해서 잘 모르잖아"라고 대답한다.

〈정신병동에도 아침이 와요〉라는 드라마 속 이 장면을 보다가 나는 글쓰기를 멈췄다. 강박장애를 앓는 의사, 공황장애를 겪는 회사원, 우울증에 시달리는 간호사, 과대망상에 빠진 공시생이 등장하는 이 드라마는 정상과 비정상의 경계를 허물며 정신질환을 섬세하고 따뜻하게 다뤘다. 그런데 나는 지금 그와 정반대의 것을 쓰고 있는 것은 아닐까? 이 글은 과연 정신질환자들을 위한 것일까? 아니면 그들을 잠재적 범죄자로 보는 시선을 강화하는 데 일조하는 작업일까?

정신질환과 범죄. 감히 다루기 어려운 이 두 세계의 교차점을 마주하며, 그들의 이야기를 상담실에서 듣고, 적었다. 어느 누구보다 가까이에서, 그리고 누구보다 조심스럽게. 그들의 과거와 현재, 그리고 희미하지만 존재하는 가능성에 대해 쓰는 내내 그들을 사랑하지 않은 적이 없었다. 동시에 피해자들에게 미안하지 않은 순간도 없었다. 이 글이 피해자들에게 또 다른 상처가 되는 건 아닐까? 내가 범죄자들과 공모한 2차 가해자가 되는 건 아닐까? 이런 마음들이 끊임없이 부딪히며 나를 멈춰 세웠다. 모니터 앞에서 문장을 지우고 다시 쓰기를 반복하며, 이 이야기를 계속 써야 하는 이유와 멈춰야 할 이유 사이를 오가면서 키보드 위에 놓인 손은 머뭇거렸다. 어떤 날은 이 질문들 끝에 눈물이 왈칵 쏟아졌고, 어떤 날은 마음 깊은 곳에서 갑갑함이 차올랐다. 그럼에도 나는 글쓰기를 멈출 수 없었다. 20년 넘게 정신보건 영역에 몸담아왔음에도 정신질환자들에게 해준 것이 없다는 부채감 앞에, 언론에 비치는 단면 이상의 진실을 공유해야 한다는 사명감 같은 것이 나를 계속 책상 앞으로 불러냈다.

나는 '범죄'나 '질환'이 아닌 '사람'에 대해 쓰고 싶었다. 범죄를 정당화하려는 것도, 정신질환과 범죄를 단순히 연결하려는 것도 아니다. 그저 세상이 애써 들여다보지 않는 사람들의 얼굴을 보여주고 싶었다. 이름이 아니라 증상으로만 불리던 사람들의 사연을, 죄의 무게가 아니라 아픔의 언어로 기록하고 싶었다. 정신질환에 대한 오해와 공포가 아니라 이해와 수용을 바랐다. 나의 기록이 특정 정신질환자들의 범죄 사실에만 머물지 않기를, 그들이 겪은 고통과 방치된 삶, 그 속에서 무너졌던 존엄, 그리고 그 사이 어딘가에 존재하던 구조적 실패들에 가닿기를 바랐다.

그러나 그렇게 호기롭게 시작한 글쓰기는, 어느 순간 정신질환에 대한 그림자를 오히려 더 짙게 드리우고, 범죄자를 두둔한다는 오해 속에 놓이게 될지도 모른다는 두려움으로 바뀌었다. 난관은 그뿐만이 아니었다. 컴퓨터 모니터에 떠오르는 활자 하나하나가 나를 괴롭혔다. 상담 장면을 회상하고 복기하는 것은 '기억'이 아니라 '감정'이었다. 말없이 지켜보는 일 외에는 할 수 있는 것이 없다는 한계 속에서 상대의 감정에 공명한 내 마음도 조금씩 고갈되어갔다. 상담실에서 마주한 사람들의 고통과 후회, 때로는 마비된 감정들까지, 그 모든 것이 나를 휘감았다. 중간중간 글쓰기를 중단했다. 갑갑해지는 가슴에 한숨을 내뱉으며, 숨을 고르고 감정을 가라앉혀야 했다. 그래서 이 글은 두서없이 적은 조각 같은 마음들의 기록이기도 하다. 정신질환을 가진 범죄자들을 상담하며, 그들과 함께 무너지고 또다시 일어서려는 나의 고백이다.

상담실 안에서 나는 늘 무력했다. 대부분의 순간, 그저 들어주는 일 외에 내가 할 수 있는 건 없었다. 그 막막함은 글을 쓰는 동안에도 따라붙었고, 지금도 여전히 떨쳐지지 않는다. 상담자로서, 기록자로서, 인간으로서 내가 할 수 있는 일은 아주 작고 제한적이었다. 그 제한성 속에서 나는 하나의 질문을 오래도록 붙들었다. 정신질환 범죄자를 어떻게 바라볼 것인가. 그들의 책임과 사회의 책임은 어디서부터 어디까지인가. 무력감과 책임감, 죄책감과 미안함이 뒤섞인 감정 속에서 이 질문들을 독자 한 분 한 분의 마음속에 조심스럽게 건넨다. 그리고 이 책을 읽게 될 피해자와 그들을 사랑한 이들에게 감히 고개 숙여 사과의 마음을 전한다. 이 이야기를 꺼내는 것 자체가 또 하나의 상처가 되지 않기를 간절히 바란다. 범죄자는 처벌받아야 한다. 그러나 그가 정신질환을 앓고 있다면, 치료 또한 받아야 한다. 그 둘 사이에 서서 작은 균열의 틈을 들여다본 나는, 오래도록 사죄해야 마땅한 죄인의 마음으로 이 글을 남긴다.